Coppenrath Edizione

Außerdem von Hans Kruppa
im Coppenrath Verlag erschienen:

Jede Liebe ist ein Wunder
ISBN 978-3-8157-8496-9

Das Leben hat täglich Geburtstag
ISBN 978-3-8157-9281-0

Du schenkst mir so viel Glück
ISBN 978-3-8157-9557-6

Willst du fliegen, laß dich fallen
ISBN 978-3-8157-9558-3

ISBN 978-3-8157-7930-9

Grafische Gestaltung: Daniela Lengers

Als Vorlage für die Illustrationen diente u.a. Bildmaterial von
www.pixelquelle.de (S. 19, 49, 58, 63, 92, 140) und
www.photocase.de (S. 14, 89, 131, 140, 165).

Printed in China

www.coppenrath.de

Hans Kruppa

Ein bißchen Glück für jeden Tag

Gedichte, Märchen & Gedanken

COPPENRATH

Inhalt

I.

Türen ins Leben

Gedichte

Kleine Morgengymnastik

Ich stehe mit dem
richtigen Fuß auf,
öffne das
Fenster der Seele,
verbeuge mich vor allem,
was liebt,
wende mein Gesicht
der Sonne entgegen,
springe ein paarmal
über meinen Schatten
und lache mich gesund.

Verabredung

Mit meiner Zukunft
habe ich mich verabredet.
Gestern sah ich sie
zum ersten Mal
in aller Klarheit.
Sie strahlte mich an;
ich ging ohne Scheu
auf sie zu.

Alle fragen mich,
ob ich verliebt sei.

Tagesprogramm

Heute will ich
aus dem Rahmen fallen
und weich landen,
dann zu der Musik
in meinem Kopf
schön aus der Reihe tanzen,
mich zum Ausruhen
zwischen die Stühle setzen,
danach ein bißchen
gegen den Strom schwimmen,
unter allem Geschwätz wegtauchen
und am Ufer der Phantasie
so lange den Sonnenschein genießen,
bis dem Ernst des Lebens
das Lachen vergangen ist.

Geh mit dem Leben

Sei selbstbewußt,
dir deiner selbst bewußt.
Laß dich nicht beirren,
bleib bei deiner Wahrheit.
Auch wenn du viel verlierst –
verliere dich nie.

Sei wachsam,
aber verschließe dich nicht.
Sei großzügig,
aber vergeude dich nicht.
Geh mit dem Leben –
aber bleib dir treu.

Im Haus meines Lebens

Im Haus meines Lebens
soll Heiterkeit herrschen,
Freude, Musik und Tanz.
Leichtigkeit soll die Zimmer erfüllen,
Lebenslust in der Luft liegen
und Wärme durch die Fenster strömen.

Meinen geliebten Gästen
soll es ein Stück Heimat sein,
ein Ort des Friedens und der Harmonie,
den sie erfrischt und gestärkt verlassen –
mit dem Wunsch,
bald wiederzukehren.

Im Haus meines Lebens
soll Zuversicht wohnen,
Schönheit alle Wände durchdringen
und Poesie in allen Räumen wirken.

Jeder meint es nur gut

Man müßte von Zeit zu Zeit
einen Tag einlegen,
an dem man sich ständig bewußt macht,
daß jeder, der uns begegnet,
es nur gut mit uns meint.
Der Verkäufer, der uns
zu wenig Wechselgeld herausgibt,
will bloß unsere Aufmerksamkeit schärfen.
Der Autofahrer, der uns schneidet,
möchte nur unser Reaktionsvermögen schulen.
Der Taschendieb, der uns
um unser Portemonnaie erleichtert,
ist so nett, uns an die Unbeständigkeit
irdischer Güter zu erinnern.
Und all die Menschen, die uns mißmutige,
unfreundliche Gesichter zeigen,
bemühen sich uneigennützig darum,
uns als abschreckende Beispiele zu dienen.

Dein seelisches Erbe

Laß dir nicht
dein Lächeln zerstören,
die helle Freude
in deinem Inneren.

Laß sie strahlen und leuchten,
sie ist dein größter Schatz.
Hüte ihn wie deinen Augapfel,
verteidige ihn gegen
Neid und Mißgunst,
gegen alle Teufeleien der Welt.

Du lebst nicht, um zu leiden.
Und die Freude,
die du in dir fühlst,
hast du dir verdient.

Sie ist dein seelisches Erbe.
Von nichts kommt nichts.

Hab nie Angst vor dem Ende

Hab nie Angst vor dem Ende,
wenn etwas Schönes anfängt.

Kein Preis ist zu hoch
für erlebtes Glück,
keine Trauer zu tief,
keine Enttäuschung zu schwer.

Leben heißt bereit sein,
irgendwann zu sterben.
Lieben heißt bereit sein,
irgendwann Abschied zu nehmen.

Nimm deine Träume mit

Bleib in der
Schönheit deiner Träume,
nimm sie mit
ins Erwachen,
bleib ihnen nah
auf deinem Weg
durch den Tag.

Sie sind ein Schirm,
der dich schützt
vor dem sauren Regen
der Realität.
Sie zeigen dir einen Weg,
den du gehen kannst,
wenn du befürchtest,
daß nichts mehr geht.

Nimm mich mit

Nimm mich mit, Musik –
dein Weg ist mein Ziel,
dein Rhythmus mein Lebenstaktgefühl.
Ich vertraue dir bedingungslos,
du hast mir immer nur Gutes gegeben.
Von dir verzaubert,
lernte mein Herz das Schweben,
lernte mein Körper sich erleben
in seiner ganzen Hingabefähigkeit.
Deine Harmonien tanzen mir aus der Seele,
auf deinem fliegenden Klangteppich
vergesse ich die Zeit.
Komm, Musik – nimm mich mit
auf deinen Ausflug in die Schwerelosigkeit.

Tiefe gewinnen

Endlich wieder Zeit –
zum Liegen und Entspannen,
zum tiefen Atmen
und zum Träumen,
zum Lauschen der Geräusche,
die ein leichter Wind
durchs offene Fenster trägt.
Endlich wieder Muße
und die Chance,
zu mir zurückzufinden
aus den endlosen Arbeiten,
dem notwendigen Tun
ohne inwendiges Sein.

Endlich wieder Zeit für mich,
und der Sommer
ist noch lange nicht zu Ende.
Das Wasser im See ist warm.
Ich werde heute tauchen gehen
nach verlorener Lebenstiefe.
Es ist nicht gut, zu lange
an der Oberfläche zu treiben.

Lass sie nicht ein

Wie schön es ist
im Irrgarten deiner Illusionen,
wie gut es duftet
nach Phantasie und Sehnsucht,
die sich nicht begnügt
mit dem Möglichen.
Noch hat die Hitze der Entbehrung
sein üppiges Gras nicht verbrannt,
noch hat der Hagel der Enttäuschung
seine bunten Blumen nicht geknickt,
noch können die Bäume flüstern,
und ihre Früchte schmecken
nach ewiger Freude.

Laß sie nicht ein,
die ernsten, forschen Gärtner
mit den Sicheln und Heckenscheren,
den Sägen und Äxten,
die gerade Wege anlegen wollen,
damit niemand sich
mehr in dir verirrt.
Sie wissen nicht, was Schönheit ist.

Laß nur jene in dein Labyrinth,
die Hoffnung in den Händen tragen
und Zärtlichkeit in ihren Augen,
die Tage nicht nach Stunden messen
und ihr Herz öffnen
dem Zauber hinter den Erscheinungen –
und dabei ganz vergessen,
den Ausgang zu suchen.

Du kannst gewinnen

Dir selbst nicht zu trauen
ist wohl das Schlimmste,
das du dir antun kannst.

Glaube an das,
was du empfindest.
Höre auf deine innere Stimme
und tue, was sie dir sagt,
auch wenn es
alles andere als einfach scheint.

Kämpfe um dein Leben,
um deine Liebe,
kämpfe um dich.

Ich weiß,
du kannst gewinnen,
denn ich weiß,
wer du wirklich bist.

Tag am See

Warmer Wind auf der Haut,
Gitarrenmusik in den Ohren,
im Kopf, im ganzen Körper.
Frische Luft zum tiefen Atmen.
Der Seele Urlaub geben,
unschuldig den Augenblick leben –
und spüren, wie das Lächeln
auf den Lippen von innen
wächst mit der Zufriedenheit
über diesen perfekten Tag am See,
den man schon vor dem Abend loben muß.

Lass den Moment entscheiden

Denk nicht zuviel an die Zukunft –
das hindert dich, die Gegenwart zu leben.
Konzentriere dich nicht auf deine Absichten –
laß den Moment entscheiden,
was richtig für dich ist.
Das mag etwas völlig Überraschendes sein.

Leben ist die Kunst,
unsichtbaren Zeichen zu folgen,
unhörbaren Worten.
Ein geplanter Weg ist wie eine
Mauer vor perfekten Momenten.

Türen ins Leben

Was jetzt nicht geht,
könnte in einer Stunde gelingen.
Und was in einer Stunde
vielleicht nicht mehr möglich ist,
könnte sich jetzt ereignen.

Manche Türen ins Leben
stehen nur kurze Zeit offen.
Sie ähneln den kleinen Zielscheiben
der Schießbuden auf dem Jahrmarkt,
die sich dem Schützen
nur einige Sekunden zeigen
und dann in der Versenkung verschwinden.
Schießt er nicht rechtzeitig,
hat er das Nachsehen.

Versäumen wir den richtigen Augenblick,
haben wir eine Chance verpaßt,
die vielleicht nie wiederkommt.

Doch wenn wir ihr nachtrauern,
sehen wir nicht die nächste,
die sich uns bietet.

Vom Umgang mit Träumen

Ich möchte nicht wissen,
wie viele meiner Träume
desertiert sind im kalten Krieg
gegen die Wirklichkeit.

Aber ich werde ihnen
nicht den Prozeß machen,
wenn sie zu mir zurückkommen.
Nein, ich werde sie anlächeln,
an den Tisch meiner Seele bitten
und Götterspeise servieren!

Diese Sehnsucht

Das Schlimmste
ist diese Sehnsucht
nach dem Glück,
wenn man weiß,
wie weit man sich
von ihm entfernt hat.

Doch man täuscht sich.

Es ist immer
in Reichweite.

Manchmal berühre
ich es zufällig
und erschrecke
über meine Blindheit.

Glück

Tee mit Honig trinken
und Musik hören,
das ist Glück.
Sich freuen
über einen Freund,
weil er sich
über Kleinigkeiten freut,
das ist Glück.
Nichts wollen,
wunschlos sein,
das ist Glück –
und hier und jetzt sein,
ganz im Augenblick:
Morgen kommt zu spät,
und gestern war einmal.

Nächtliche Stille

Heute nacht kann ich
die Stille hören,
kann ich fühlen,
wie sie zu mir spricht –
wie zu einem guten Freund,
voller Wärme, voller Zärtlichkeit.

Gut ist es,
wie sie mich umhüllt,
ohne mich zu beengen –
wie sie mir Geborgenheit schenkt,
ohne mich zu langweilen.

Nächtliche Stille,
dein geheimes Licht erweckt
meine inneren Augen zu neuem Leben.

Du bist der Frieden,
den die Welt nicht sieht –
ein tief verborgener Zauberduft,
ein kaum hörbares, unendlich zartes Lied.

Wenn Worte überflüssig werden

Wenn Worte überflüssig werden,
weil der Augenblick
bis an den Rand
mit Sinn gefüllt ist,

beginnt das Leben
unwiderstehlich
von sich zu erzählen
und führt uns
mitten hinein in
faszinierende Geschichten –

wenn wir nur lauschen.

II.

Die Neugeburt

Ein Märchen

Die Neugeburt

Rogano war einer der reichsten Männer der Stadt. Er besaß mehrere Häuser, Grundstücke, Geschäfte und eine herrliche Villa, von dessen weitläufiger Terrasse er einen wunderbaren Blick auf das Meer hatte.

Vor drei Jahren war seine Frau Livia gestorben – der einzige Mensch, den er geliebt und dem er vertraut hatte.

Nach ihrem Tod hatte er sich aus dem gesellschaftlichen Leben zurückgezogen und die Pflege seiner persönlichen Beziehungen aufgegeben, denn ihm war bewußt geworden, daß seine sogenannten Freunde vor allem Freunde seines Geldes gewesen waren. Seine Ehe war zu seinem Bedauern kinderlos geblieben, seine Eltern waren schon lange tot. Seinen fünfzigsten Geburtstag hatte er allein verbracht.

Rogano war ein einsamer Mann, aber inzwischen litt er nicht mehr sonderlich unter seiner Einsamkeit, denn die Leidensfähigkeit war ihm genauso abhanden gekommen wie die Liebesfähigkeit. Sein Herz war betäubt – oder vielleicht schon gestorben?

Oft saß er stundenlang bewegungslos auf der Terrasse, blickte auf das Meer hinaus, und in seinen Augen war eine Leere, die aus den Tiefen seiner Seele kam.

Schließlich konnte er nicht mehr umhin, der Wahrheit ins Gesicht zu sehen, daß er nicht mehr fühlen konnte. Was immer er auch sah und hörte, berührte ihn nicht mehr, er nahm es nur noch zur Kenntnis.

Das gewaltige Meer, das immer in Bewegung war, konnte ihn nicht mehr bewegen. Die prächtigen Sterne am nächtlichen Himmel waren für ihn nur noch kleine unbedeutende Lichter, keiner längeren Betrachtung wert. Nicht einmal die Schönheit der Schmetterlinge in seinem Garten konnte ihn entzücken. Teilnahmslos streifte er die farbenfrohen Muster ihrer Flügel mit einem kurzen Blick. Auch die Freude an den schönen Künsten war ihm abhanden gekommen.

Vielleicht war diese Gleichgültigkeit eine Folge seines Alters. Was man zu oft gesehen oder erlebt hatte, verlor wohl nach und nach seinen Reiz, bis er schließlich ganz aufgebraucht war. Vielleicht war seine innere Leere auch eine Folge des Todes seiner Frau. Womöglich war seine Empfindungslosigkeit aber auch die Strafe dafür, daß er zu viel von seiner Kraft und Zeit dem Erwerb seines Reichtums geopfert hatte, den er nun nicht mehr genießen konnte.

Die einzigen Menschen, die er regelmäßig sah, waren seine Haushälterin, sein Gärtner und der Verwalter seines Vermögens. Sie arbeiteten schon lange für ihn und machten ihre Sache gut. Trotzdem waren sie austauschbar, und wenn einer von ihnen Roganos Unzufriedenheit erregen sollte, würde er ihn ohne Bedenken durch eine andere Kraft ersetzen.

Nachdem er fast einen Monat seine Villa nicht mehr verlassen hatte, beschloß Rogano eines sonnigen Morgens, einen

Spaziergang durch die Stadt zu machen, um sich zu bestätigen, daß er nichts verpaßte, wenn er menschliche Gesellschaft mied. Außerdem würde ihm ein bißchen Bewegung nicht schaden. Er wies seine Haushälterin an, das Mittagessen vorzubereiten, so daß er es nach seiner Rückkehr auf der Terrasse einnehmen könne. Dann verließ er sein Haus.

Auf seinem Weg mußte er an Livia denken, mit der er so oft gemeinsam in die Stadt gegangen war. Er hatte sie geliebt wie keinen anderen Menschen in seinem Leben, hatte ihr edles und gleichzeitig bescheidenes Wesen bewundert. Ihre Ehrlichkeit, ihre Treue und ihre Sanftmut hatten ihn immer aufs neue berührt, zumal er in seinem Geschäftsleben täglich mit Menschen verkehrte, die weder ehrlich noch treu und schon gar nicht bescheiden waren. Den allermeisten ging es nur darum, möglichst viel für sich selbst herauszuschlagen, wobei sie in der Wahl ihrer Mittel nicht zimperlich waren.

Rogano hatte in den Jahren nach Livias Tod oft bereut, daß er viel zu viel Zeit mit solchen Menschen verbracht hatte, anstatt sie seiner Frau zu widmen. Eigentlich war ihm Livias Wert erst nach ihrem Tod bewußt geworden, und diese Erkenntnis lastete schwer auf seiner Seele.

Nach ihrer Beerdigung hatte er wochenlang keinen Schritt aus seinem Haus getan, so sehr bedrückte ihn die Qual über den Verlust der einzigen Frau, die er je geliebt hatte, ohne ihr gezeigt zu haben, wie sehr er sie liebte.

Später hatte er sich einmal gefragt, ob er seine bittere Trauer wirklich überwunden oder nur betäubt hatte – und mit ihr sein Herz und seine Seele. Aber er hatte diese Frage aus seinem Bewußtsein verdrängt, weil er sich vor der Antwort fürchtete.

Inzwischen wußte er die Antwort, denn sie war nicht mehr zu leugnen. Er sah sie in seinen leeren Augen, wenn er in den Spiegel schaute. Er entdeckte sie, wenn er die Augen schloß und in sich selbst blickte.

Auf halbem Weg entdeckte Rogano den toten Körper einer schön gemusterten Eidechse im Gras am Wegesrand. Er betrachtete ihn genauer und stellte fest, daß er keine Verletzungen aufwies. Offensichtlich war die Echse an Altersschwäche gestorben.

Noch vor wenigen Jahren hätte ihn ein solcher Anblick traurig gemacht. Jetzt sah er in ihm nur einen weiteren überflüssigen Beweis der Vergänglichkeit allen Lebens, auch des Lebens der Gefühle.

Wie gern wäre er noch einmal ein junger Mann gewesen, um all die Zeit und Kraft, die er dem Gelderwerb geopfert hatte, seiner Frau zu schenken! Vielleicht wäre sie dann nicht so früh gestorben und hätte ihn nicht allein gelassen, wie er sie viel zu oft allein gelassen hatte, um seine Geschäfte zu tätigen.

Aber das Rad der Zeit ließ sich nicht zurückdrehen, es lag außerhalb der Reichweite menschlicher Wünsche.

Rogano seufzte. Fast wäre er umgekehrt und zu seinem Haus zurückgegangen, denn bei dem Gedanken, unter Leute zu gehen, erfaßte ihn Unbehagen. Doch irgend etwas zog ihn in die Stadt, und so setzte er nach kurzem Zögern seinen Weg fort.

Die Stadt war so, wie er sie in Erinnerung hatte. Geschäftig eilten die Menschen aneinander vorbei, in Gedanken schon an Zielen, die sie noch nicht erreicht hatten.

In den Geschäften feilschten Händler und Kunden wie eh und je miteinander, die Wohlhabenden trugen vornehme, die Armen schäbige Kleidung, und auf dem Marktplatz priesen die Bauern der Umgebung ihr Obst und Gemüse mit denselben Sprüchen an, die schon ihre Eltern benutzt hatten.

Alles war wie immer, und Rogano wollte gerade den Rückweg antreten, als er den Klang einer Flöte hörte.

Unwillkürlich blieb er stehen und drehte sich um.

Sein suchender Blick fiel auf einen Mann mit langen grauen Haaren, der am Rand des Marktgeschehens im Schneidersitz auf dem Bordstein saß und in einer Weise seine Flöte spielte, die Rogano hellhörig machte. Fast gegen seinen Willen trugen ihn seine Beine näher zu dem Musiker, der etwa in seinem Alter sein mochte, bis er wenige Schritte vor ihm stehenblieb.

Ja, er war ein begabter Musiker, obwohl er mit seinen abgetragenen Kleidern und verfilzten Haaren aussah wie ein

Bettler. Er verstand es, seiner Flöte Melodien zu entlocken, die aus der Mitte seiner Seele zu strömen schienen – und spielte mit soviel Hingabe und Schönheit, daß Rogano zu seiner Verwunderung bemerkte, wie seine Augen feucht wurden.

Der Mann beendete sein Spiel mit einer heiteren, fast überschwenglichen Tonfolge und öffnete die Augen, die er die ganze Zeit geschlossen gehalten hatte.

Die Blicke der beiden Männer trafen sich. Rogano war überrascht von dem jugendlichen Glanz und der warmen Lebendigkeit in den Augen des Flötenspielers.

Unwillkürlich trat er vor, griff in seine Tasche und legte eine Goldmünze in den auf dem Boden liegenden Hut des Musikers, dessen spärlicher Inhalt offenbarte, was die Kunst des Musikers den Marktbesuchern wert war.

Einen Augenblick lang zeigte sich Erstaunen im Blick des Flötisten, dann schüttelte er lächelnd den Kopf, nahm die Goldmünze aus seinem Hut und hielt sie Rogano mit den Worten entgegen: „Du hast dich wohl vergriffen. Mein Spiel ist längst nicht so viel wert."

„Es ist mehr wert", entgegnete Rogano und legte dem Mann eine zweite Goldmünze zu der ersten in die Hand.

Das Gesicht des Musikers drückte nun eine Ratlosigkeit aus, die Rogano zum Schmunzeln brachte. Ohne darüber nachzudenken, was er tat, setzte er sich neben den Mann auf den Boden, stellte sich vor und fragte ihn nach seinem Namen und seiner Art zu leben.

„Ich heiße Benko und lebe für das Leben", war die ebenso

kurze wie beeindruckende Antwort. „Und wofür lebst du, wenn ich dich das fragen darf?"

„Ich weiß es nicht mehr." Rogano schüttelte traurig den Kopf. „Ich habe einmal geglaubt, es zu wissen, aber diesen Glauben schon lange verloren. Ich fühle mich innerlich wie betäubt, nichts erreicht mich mehr, nichts berührt mich mehr. Als ich dein zauberhaftes Flötenspiel hörte, habe ich zum ersten Mal seit Jahren wieder etwas gefühlt."

„Was hast du gefühlt?"

„Das Leben in dir, die Freude in deiner Seele, die du aus deinem tiefsten Inneren durch die Flöte in meine Ohren und durch sie in mein Herz getragen hast. Du bist ein begnadeter Musiker. Mit deiner Flöte machst du das Unhörbare hörbar, fühlbar."

„Herzlichen Dank für das hohe Lob, aber ich spiele einfach nur, was ich in mir spüre", sagte Benko bescheiden. „Heute bin ich froh, also ist meine Musik heiter. Morgen bin ich vielleicht betrübt, und dann wird auch mein Spiel traurig klingen."

„Wie immer es auch klingen mag, es trägt einen Zauber in sich, der ein totes Herz wieder zum Leben erwecken kann."

Benko lächelte verlegen und steckte sich die beiden Goldmünzen unbeholfen in die Tasche. Er nahm die Kupfermünzen aus dem Hut und setzte ihn sich auf.

„Darf ich dich zum Essen einladen?" fragte Rogano. „Mein Haus ist nicht weit von hier, und meine Haushälterin ist eine hervorragende Köchin."

Benko nahm die überraschende Einladung mit einem dankbaren Lächeln an.

Nach dem Essen saßen die beiden Männer auf Roganos Terrasse und blickten auf das Meer hinaus, das an diesem windstillen Tag kaum von Wellengang bewegt war.

Im Gegensatz zu allen seinen bisherigen Besuchern hatte Benko kein Wort über Roganos prächtigen Besitz fallen lassen, was ihn so sehr verwunderte, daß er seinen Gast fragte: „Gefällt dir mein Haus nicht?"

„Oh, doch. Du hast eine wunderschöne Villa und einen herrlichen Garten, und die Aussicht auf das Meer ist einzigartig."

„Ich habe lange und hart dafür gearbeitet. Hättest du nicht auch gern ein solches Haus?"

Benko schüttelte den Kopf. „Nein, ich möchte kein Haus haben. Erst besitze ich es – und dann besitzt es mich. Besitz belastet nur, und ich will möglichst frei und leicht leben. Alles, was ich brauche, findet in meinem Rucksack Platz. Je weniger ich habe, desto weniger habe ich zu verlieren. Und je weniger ich zu verlieren habe, desto freier fühle ich mich. Mein Haus ist in mir, in meiner eigenen Seele."

Rogano dachte lange über die Worte seines Gastes nach, bevor er fragte: „Wie bist du zu dem geworden, der du bist?"

Benko lachte. „Ich war schon als Kind so. Ich fühlte mich

nur unter freiem Himmel wirklich wohl. Die Natur war mein Zuhause. Die Bäume, Blumen und Tiere waren meine Freunde. Am liebsten schlief ich in einem Baumhaus, das ich mit meinem besten Freund gebaut hatte. Zur Schule bin ich nicht so gern gegangen, und die Vorstellung, einmal so leben zu müssen wie die Erwachsenen, so ernst, so sachlich und geschäftig, erfüllte mich mit Angst und Schrecken. Ich wollte keine Familie gründen, kein Haus bauen, kein Geld anhäufen – ich wollte einfach nur ich selbst sein und mein eigenes Leben in Freiheit führen."

„Wie bist du so früh zu dieser Einsicht gekommen?"

„Ich hatte erkannt, daß die meisten Erwachsenen für alles mögliche lebten, für ihren Beruf, für ihre Familie, für ihr Haus, ohne sich zu fragen, ob es überhaupt ihr eigenes Leben war, das sie führten. Sie taten einfach nur das, was alle machten. Ich habe mir eines Abends, als ich in meinem Baumhaus saß und den Sonnenuntergang betrachtete, einige wichtige Fragen gestellt. Ich habe mich gefragt, wer ich bin, woran ich glaube, wo ich stehe, wohin ich gehen will und was meine wirklichen Wünsche und Sehnsüchte sind."

„Das sind ungewöhnliche Fragen für einen Schuljungen."

„Mag sein, aber mir erschienen sie ganz natürlich. Ich finde, solche Fragen sollte sich jeder stellen, der sich nicht damit begnügt, vorgegebene Wege zu gehen, sondern der das Leben als eine Reise betrachtet, bei der man nie weiß, welche Überraschungen sie bringt und wohin sie letztlich führt. Nicht jede Überraschung ist erfreulich, und so manche

Erfahrungen haben einen hohen Preis. Aber viel Gutes wartet auf den, dem es nicht genügt, in die Fußstapfen anderer zu treten, weil er seinen Weg auf unberührtem Boden gehen will. An diesem Abend entschied ich mich, nach dem Ende meiner Schulzeit auf Reisen zu gehen, um mich und das Leben wirklich kennenzulernen. Und nun habe ich graue Haare und bin immer noch unterwegs."

„Du hast nie einen Beruf erlernt?"

Benko nickte. „Das einzige, was ich kann, ist Flöte spielen, und das habe ich mir selbst beigebracht. Seit Jahrzehnten ziehe ich als Wandermusikant durch die Lande, spiele meine Flöte auf Marktplätzen, Hochzeiten und Geburtstagsfeiern und lebe bescheiden von dem, was die Menschen mir dafür geben. So viel wie du hat mir noch niemand geschenkt. Du mußt verrückt sein." Benko nahm die beiden Goldmünzen aus der Tasche und betrachtete sie ungläubig. „Davon kann ich sehr lange leben. Ich weiß gar nicht, wie ich dir danken soll."

„Du dankst mir schon – mit deiner Nähe und deinen einfachen, aber wesentlichen Worten. Du dankst mir, indem du mir die Hoffnung gibst, daß es für mich noch nicht zu spät ist, mein Leben aus seinem totengleichen Schlaf zu erwekken. Dein Flötenspiel hat mir gezeigt, daß ich noch fühlen kann. Auch wenn es seltsam klingen mag: Ich glaube, daß du mir geschickt worden bist, um mir zu helfen, mich aus meiner inneren Erstarrung zu befreien – einfach indem du bist, wie du bist. Siehst du das Gartenhaus dort unter den beiden Zedern?"

Benko wandte den Kopf zur Seite und nickte.

„Ich lade dich ein, dort zu wohnen, solange du magst. Ich erwarte dafür keine Gegenleistung von dir. Und wenn es dich in die Welt hinauszieht, sollst du wissen, daß du in meinem Gartenhaus immer eine Zuflucht findest, falls du einen Ort suchst, wo du dich vom Umherziehen ausruhen willst."

„Du bist sehr großzügig, Rogano."

„Die meisten Leute halten mich für einen Geizhals, und sicherlich haben sie recht, denn mit Großzügigkeit läßt sich kein Reichtum erwerben. Aber der Reichtum hält nicht, was er verspricht. Und das Geldsammeln ist ein gefährliches Unterfangen, denn je voller der Geldschrank wird, desto leerer wird die Seele. Das wird mir erst jetzt bewußt, im Alter von fünfzig Jahren. Ist das nicht traurig?"

„Freue dich doch", entgegnete Benko, „daß es dir überhaupt bewußt geworden ist! Du bist noch jung genug, um aus deiner Erkenntnis zu lernen. Es ist nie zu spät für eine Neugeburt. Siehe in jedem neuen Morgen, der dir geschenkt wird, die Möglichkeit, einen Schritt weiter in ein neues Leben zu gehen. Besinne dich auf deine ureigenen Begabungen und Wünsche, auf deine Freuden und Stärken. Erkenne und nutze die einmaligen Möglichkeiten eines jedes Tages, den das Leben dir schenkt. Auch wenn du Rückschläge dabei erleiden wirst – eine solche Einstellung kann Wunder wirken."

Rogano sah den Flötenspieler nachdenklich an, während er spürte, daß dessen Worte etwas in ihm in Bewegung setzten, das lange Jahre in totenähnlicher Starre gefangen war.

„Das Leben lebt von seiner ständigen Erneuerung“, fuhr Benko fort. „Wie die Schlange von Zeit zu Zeit ihre alte Haut abstreift, mußt du in bestimmten Lebensabschnitten aus deiner seelischen Haut heraus, um dich weiterentwickeln zu können. Laß die Vergangenheit los und vertraue dem Leben, wenn es dich dazu einlädt, ihm in der Gegenwart zu begegnen – auch wenn du nicht wissen kannst, was die Zukunft bringt. Du hast gar keine andere Wahl, wenn du wirklich leben – und nicht nur älter werden willst.“

Nach diesen Worten zog Benko seine Flöte aus dem Rucksack, schloß die Augen und spielte eine Melodie, die so zauberhaft und voller Leben war, daß Rogano spürte, wie seine Seele aus ihrem Schlaf erwachte. Und sie begann anmutig und hingebungsvoll zu tanzen, nach Benkos magischem Flötenspiel, während Tränen der Dankbarkeit aus Roganos Augen flossen.

Er erkannte, daß er beim rastlosen Anhäufen weltlicher Schätze übersehen hatte, daß es etwas viel Wertvolleres als alles Gold der Welt gab – seine Seele. Er hatte sie sein ganzes Leben lang nicht genug beachtet, bis sie sich vor seiner Oberflächlichkeit in einen tiefen Schlaf geflüchtet hatte, und mit ihr waren seine Empfindungsfähigkeit und Erkenntniskraft eingeschlafen.

Nun fiel es ihm wie Schuppen von den Augen, und die gewaltige Traurigkeit darüber, daß er sein bisheriges Leben vergeudet hatte, hätte ihn wie eine Sturmflut überschwemmt, wenn sein Glück über den doch noch gefundenen Weg zu sich selbst nicht wie ein hoher, starker Deich gewesen wäre, an dem die wilde Brandung des Bedauerns sich brach.

Und wer könnte sagen, ob er seinen Weg überhaupt noch gefunden hätte, wenn er nicht diesem außergewöhnlichen Mann an seinem Tisch begegnet wäre, der wie ein Bettler aussah, aber so wundervoll Flöte spielte, wie nur ein Mensch es konnte, der in Einklang mit der Quelle seines Wesens stand – ein Mensch, der wirklich reich war, reich an sich selbst, reich an Seele.

War dies nicht der höchste Reichtum, den ein Mensch haben konnte – denn was nützten alles Gold und aller Wohlstand, wenn die Seele verarmte? Und wie unwichtig war das Geld, wenn die Secle selig war, wenn sie in Glück und Freude lebte!

Einer plötzlichen Eingebung folgend, stand Rogano auf, lief die Stufen zum Strand hinunter und rannte auf das Meer zu, stürzte sich ausgelassen in die Wellen, lachte, jauchzte, weinte vor Freude – und fühlte mit allen Fasern seines Wesens, daß er lebte. Benko legte seine Flöte beiseite und sah ihm lächelnd zu.

Als Rogano, überwältigt von dem befreienden Aufleben seiner Gefühle, die Augen schloß, sah er plötzlich das Gesicht seiner Frau vor sich – und er spürte, daß er seinen ganzen Reichtum hergeben würde, um sie noch einmal zu umarmen. „Ich habe dich mehr geliebt, als ich jemals ahnte", flüsterte er.

Livias Gesicht lächelte, und es war ihm, als würde sie sagen: „Ich weiß es – und habe es immer gewußt. Du hast lange genug um mich getrauert. Ich will, daß du wieder Freude an deinem Leben hast. Wenn du mich suchst, findest du mich immer in deinem Herzen."

III.

Jeder neue Tag ist eine Chance

Gedanken

Kraft und Hilfe

Gib dich nicht auf,
es ist nie zu spät
für einen Neubeginn.
Es ist noch Zeit,
den Lebenskurs zu ändern.

Die Kraft kommt,
wenn sie gebraucht wird,
und oft auch die Hilfe,
wenn die Kraft nicht ausreicht.

Lebenskunst

Das Geheimnis aller
Lebenskunst liegt darin,
das Leben nicht
zu ernst zu nehmen,
aber ernst genug,
wenn es ernst wird.

Kopf hoch!

Manchmal sieht man
das Licht
am Ende des Tunnels
nur deshalb nicht,
weil man
den Kopf hängen läßt.

Sehen und Übersehen

Um glücklich zu sein,
muß man das Gute
im Schlechten sehen
und das Schlechte
im Guten übersehen.

Der Sinn

Wenn es einen Sinn
in unserem Leben gibt,
dann kann er doch
nur darin bestehen,
aus dem Dunkel
ins Licht zu gehen,
aus der Schwere
in die Leichtigkeit,
aus der Sehnsucht
in die Erfüllung.

Jeder neue Tag

Jeder neue Tag
ist eine neue Chance,
sich selbst zu begegnen,
bei sich zu bleiben
und mit sich zu gehen.

Jeder neue Tag
ist eine neue Chance,
sich zu finden,
in sich fündig zu werden,
aus sich heraus zu geben.

Dieser Augenblick

Dieser Augenblick,
nicht der vergangene
oder der kommende,
der jetzige Augenblick
ist die einzige Tür
ins wahre Leben.

Öffne sie augenblicklich –
oder du öffnest sie nie.

Glauben

Wer den Glauben
an sich selbst bewahrt,
verliert auch nicht
den Glauben
an die Menschen.

Bleib geduldig

Verliere nicht deinen Mut
und deine Hoffnung,
wenn du eine
seelische Durststrecke
überstehen mußt.

Bleib geduldig,
anstatt wertvolle Kraft
an Zweifel zu verschwenden,
die deinen Schritt schwer
und deinen Blick unsicher machen.

Du weisst nicht

Du weißt nicht,
was du hattest,
bis du es verlierst.

Und du weißt nicht,
was du brauchtest,
bis du es findest.

Lebensweisheit

Es gibt eigentlich
keine größere Weisheit,
als in jedem schönen Moment,
den das Leben uns schenkt,
so aufzugehen,
als sei es der letzte.

Nur so

Blicke nicht sehnsuchtsvoll
in die Vergangenheit zurück,
wenn die Gegenwart dich bedrückt.
Die Vergangenheit ist tot,
und nichts kann sie wiederbeleben.

Stelle dich der Gegenwart
und blicke in die Zukunft –
nur so ist Leben möglich.

Unentschlossenheit

Laß dich nicht lähmen
von der Unentschlossenheit.
Erschließe dir einen Weg
und gehe ihn unbeirrt.

Wer zu lange zögert,
versäumt das Entscheidende
und erreicht den
gedeckten Tisch erst,
wenn er abgeräumt ist.

Unmöglichkeit

Du kannst
einem Menschen,
der nicht sieht,
was er mit dir
erleben kann,
dein Herz leihen,
aber nicht
dein Sehvermögen.

Die Qual der Wahl

Es ist bedauernswert,
wenn man kostbare Zeit verliert,
weil man sich nicht für einen
von zwei möglichen Wegen
entscheiden kann –

aber noch bedauernswerter
könnte es sein,
wenn man keinen
von beiden wählt.

Nebenwirkungen

Wer sich zufrieden gibt
mit dem Unbefriedigenden,
der wird schließlich auch
das Unerträgliche ertragen
und das dringend Nötige
weder tun noch sagen.

Wenn wir bereit sind

Manches können wir
nur dann verstehen,
wenn wir bereit sind,
uns zu verändern.

Wer sich an seinem
Bild von sich selbst
ängstlich festklammert,
wird nie über
oberflächliche Einsicht
hinauswachsen.

Lebenslust

Offen und lebendig
bleibt der Mensch,
der sich mit
dem bunten Schirm
neugieriger Lebenslust
gegen den Regen
der Routine schützt.

Was es ist

Nichts ist von Dauer
in diesem befristeten Leben
und sicher ist nur der Tod.
Alles gleitet uns aus den Händen
und wird zu Erinnerungen.

Unter diesen Bedingungen
gibt es keine Alternative
zum Erleben des Glücks.

Man muß nur wissen,
was es ist.

Lernprozess

Wir alle machen
und haben Fehler,
niemand ist vollkommen.

Es kommt darauf an,
aus seinen Fehlern zu lernen
und sie in Zukunft zu vermindern,
um weniger unvollkommen zu werden.

Unruhe

Rastlosigkeit
ist ein Symptom
zu großer Entfernung
vom inneren Zuhause.
Unruhe ist eine
Art von Verzweiflung
über die Entfremdung
vom wahren Selbst.

Wer bei sich ist,
lebt in Frieden.

Was entscheidend ist

Bist du freundlich,
hält man dich für schwach.
Bist du idealistisch,
hält man dich für weltfremd.
Bist du lieb,
hält man dich für naiv.
Bist du ehrlich,
hält man dich für dumm.

Entscheidend ist,
was du von dir hältst.

Doppeltes Unglück

Menschen,
die sich gern reden hören,
reden in der Regel
am liebsten
über sich selbst.

Ein Unglück kommt
eben selten allein.

Der Weg zur Freude

Willst du den Weg
zur Freude gehen?
Dann zieh dir die Schuhe
des Vertrauens an,
die Jacke der Zuversicht,
setz dir den Hut
des Mutes auf
und steck dir
die Schlüssel der Geduld
und der Gelassenheit
in die Tasche,
mit denen du die Türen
zum Glück öffnest.

Der neue Tag

Gehe möglichst sorglos
und offen in den neuen Tag,
begrüße ihn ohne Vorurteile
und sei immer darauf gefaßt,
daß etwas Unfaßbares geschieht.

Dein wahres Wesen

Wenn du nicht weißt,
wer du bist,
mußt du herausfinden,
wer du sein willst.

Mit der Zeit erkennst du,
wer du nicht sein willst.
Das wird dir helfen
zu erfahren und zu spüren,
was dein wahres Wesen ist.

Bannspruch

Den Dämon der Vergänglichkeit
bannt man mit seelischer Heiterkeit,
mit Zuversicht und Lebensoffenheit.
Schwermut und Trübsal
verschlimmern nur die Traurigkeit
über unwiederbringlich Verlorenes.

Wir gewinnen, um zu verlieren.
Aber wir verlieren auch,
um wieder zu gewinnen.

Nur in der Bewegung

Das Leben ist ein
ständiger Weg ins Unbekannte.
Wer zu lange
an einem Punkt verharrt,
läuft Gefahr zu erstarren.

Nur in der Bewegung,
so unangenehm oder schmerzhaft
sie manchmal auch ist,
bleibt das Leben lebendig.

Gegenseitigkeit

Nur wer an Wunder glaubt,
wird Wunder erleben.

Nur wer der Liebe vertraut,
wird der Liebe begegnen.

Nur wer sich dem Leben hingibt,
dem wird sich das Leben schenken.

Der Gelassene

Der Gelassene schweigt,
wo andere klagen
und sich die Haare raufen,
denn er weiß,
daß nichts von Dauer ist –
außer der Vergänglichkeit.
Er ist nicht gleichgültig,
er ist gleichmütig.
Er ruht in sich.
Seine Ruhe ist
ein Geschenk für alle,
die es anzunehmen verstehen.

Zustände des Glücks

Ein langlebiger Zustand
kleinen Glücks
ist wesentlich wertvoller
als ein kurzlebiger Zustand
großen Glücks.

Der erste gleicht
einem kleinen Feuer,
an dem man sich
immer wärmen kann,
wenn man friert.

Der zweite gleicht
einem großen Feuer,
dessen Kraft berauscht,
das aber eine bittere,
meist unverhoffte Kälte
nach sich zieht,
wenn es erlöscht.

Frisierkunst

Wenn dich Menschen
auf eine Weise behandeln,
die dir die Haare
zu Berge stehen läßt,
glätte sie mit
dem Kamm der Gelassenheit
und der Bürste der Erinnerung
an all die Menschen,
die dich gut behandelt haben.

Gleich und gleich

Nur gleich und gleich
erkennt sich gut.

Nur wer selbst geistig frei ist,
erkennt einen freien Geist.
Nur wer selbst offenherzig ist,
erkennt ein offenes Herz.
Und nur wer selbst
seelische Größe hat,
erkennt eine große Seele.

Das Beste

Es ist gut,
wenn du weißt,
was du willst.
Und es ist richtig,
wenn du versuchst,
deine Träume zu verwirklichen.

Doch werde nie
zum Sklaven deiner Wünsche
und erkenne rechtzeitig,
wenn du dir vergebliche Mühe gibst.
Das Beste kommt oft
gerade dann zu dir,
wenn du es nicht suchst.

Es findet dich,
wenn du dich gefunden hast.

IV.

Die Quelle des Lachens

Ein Märchen

Die Quelle des Lachens

Leno war ein Junge, dem es schwerfiel, die Welt, die Menschen und das Leben ernst zu nehmen.

Seit seiner frühesten Kindheit lachte er über vieles, was er entdeckte und erlebte, auch über sich selbst, wenn er zum Beispiel bei seinen ersten Gehversuchen auf den Bauch fiel.

„Welch ein heiteres Kind!“ sagten die Freunde und Nachbarn seinen Eltern. „Da hat das Schicksal euch eine wahre Frohnatur ins Haus geschickt.“

„Das wird sich mit der Zeit schon legen“, pflegten seine Eltern zu antworten. „Spätestens wenn er zur Schule gehen muß, wird er feststellen, daß vieles im Leben überhaupt nicht lustig ist.“

Doch sie täuschten sich, denn auch der Schulunterricht war in Lenos Augen manchmal überaus komisch, und immer wieder fiel er seinen Lehrern dadurch unangenehm auf, daß er plötzlich ohne erkennbaren Grund zu kichern oder zu lachen anfing. Auf ihre Fragen, worüber er sich so amüsiere, bekamen sie von ihm meist nur ein noch lauteres Gelächter zur Antwort, was einige von ihnen so sehr verärgerte, daß sie sich bei seiner Klassenlehrerin über seinen Mangel an Ernsthaftigkeit und Respekt beschwerten.

Seine schulischen Leistungen ließen allerdings nichts zu wünschen übrig. Leno besaß eine schnelle Auffassungsgabe. Das Wissen, das viele seiner Mitschüler sich hart erarbeiten mußten, flog ihm zu. In fast allen Fächern zählte er zu den besten Schülern seiner Klasse, so daß seine Klassenlehrerin den Beschwerden ihren Lehrerkollegen entgegenhalten konnte, daß er einer der klügsten und begabtesten Schüler sei und sie seine abrupten Lachanfälle am besten ignorieren sollten. Sie seien wohl Ausdruck seines kindlichen Übermutes, der mit der Zeit schon verfliegen werde, spätestens wenn er das Gymnasium besuchen würde, was angesichts seiner Fähigkeiten so sicher sei wie das Amen in der Kirche.

Doch auch als er mit zehn Jahren auf das städtische Gymnasium überwechselte, verminderte sich Lenos Lachlust in keiner Weise, und obwohl der Lehrstoff von Jahr zu Jahr schwieriger wurde, eignete er sich ihn auf unerklärlich leichte Weise an und war nach wie vor einer der besten Schüler seiner Klasse.

Seine spontanen Heiterkeitsausbrüche während des Unterrichts befremdeten allerdings auch hier seine Lehrer und störten seine Mitschüler, etwa wenn er ihre Konzentration beim Schreiben einer Klassenarbeit mit einem Lachanfall aus dem Gleichgewicht brachte.

Als sich die Beschwerden über Lenos ungewöhnliches Verhalten häuften, wurde es zum Gegenstand einer Lehrerkonferenz.

„Warum lacht dieser Junge so oft?“ fragte der Direktor Lenos Klassenlehrerin.

„Ja, das ist schwer zu sagen. Ich habe mich öfter nach dem Unterricht mit ihm unterhalten, aber ich werde nicht schlau aus ihm. Ihm scheint die innere Schwerkraft zu fehlen, die unsere anderen Schüler am Boden hält. Manchmal erscheint er mir wie ein Vogel, der sich in die Lüfte aufschwingt und von oben auf das Leben hinunterblickt, und ich vermute, daß er aus dieser Perspektive vieles als komisch und lustig empfindet, was uns nicht so erscheint."

„Seltsam", sagte der Direktor, „wir hatten noch nie einen Schüler an unserer Anstalt, bei dem so gute schulische Leistungen mit einem so eklatanten Mangel an Ernsthaftigkeit gepaart waren. Was sollen wir mit ihm machen?"

„Ich habe ihn schon öfter ermahnt und ihn aufgefordert, seine Lachanfälle zu unterdrücken", erwiderte der Englischlehrer, „aber er hat mir in perfektem Englisch geantwortet, daß er nicht dazu in der Lage sei. Wenn er nicht so intelligent wäre, würde ich annehmen, daß etwas in seinem Oberstübchen nicht stimmt. Ich dachte anfangs, daß er uns mit seinem Verhalten ärgern oder provozieren will, aber inzwischen bin ich mir sicher, daß keine böse Absicht hinter seinem Gelächter steckt. Er kann einfach nicht anders."

„Gut, er kann nicht anders", wiederholte der Direktor, „aber was machen wir mit ihm?"

„Wir müssen mit seinem Verhalten leben", schlug Lenos Klassenlehrerin vor, „auch wenn wir es des öfteren als störend empfinden. Wir können ja kaum einen unserer besten Schüler, der sich ansonsten untadelig verhält und bei seinen

Klassenkameraden beliebt ist, wegen unverständlicher Lachanfälle von der Schule verweisen!"

„Das können wir in der Tat nicht", gab der Direktor ihr recht. „Also gut, lassen wir ihn lachen, wenn er nicht anders kann, und gewöhnen uns daran. Die Jugend hat ein gewisses Recht auf Übermut. Mit zunehmender Reife wird sich sein kurioses Verhalten schon ändern. Spätestens, wenn er die Universität besucht, wird er den nötigen Ernst entwickeln müssen, um nicht zu scheitern. Bis dahin gewähren wir ihm eine Schonfrist!"

Doch auch an der Universität verging Leno das Lachen nicht.

Ohne erkennbaren Anlaß platzte sein Gelächter in das allgemeine Schweigen im Seminarraum nach der Frage des jungen Dozenten Morial, worin der höchste Wert der schönen Literatur bestehe – eine Frage, die kein Student beantworten konnte oder wollte.

„Finden Sie meine Frage lustig?" fragte ihn der Dozent.

„Nein, mich hat das betretene Schweigen, das ihr folgte, zum Lachen gereizt", war Lenos Antwort.

„Aha", sagte Morial und unterdrückte ein Schmunzeln. „Können Sie denn meine Frage beantworten?"

„Nein, leider nicht. Wenn ich lachen muß, kann ich nicht denken."

„Das ist verständlich", sagte der Dozent schmunzelnd und bat Leno, nach Beendigung des Seminars auf seinem Platz zu bleiben.

„Ich möchte Sie etwas fragen", eröffnete der Dozent das Gespräch, nachdem die anderen Studenten gegangen waren. „Schon zu Beginn meines Seminars sind Sie mir durch Ihre klugen Gesprächsbeiträge aufgefallen, die ein eigenständiges und oft verblüffend treffsicheres Denken offenbaren. Andererseits lassen Ihr Gesichtsausdruck und Ihre gelegentlichen Lachanfälle den Eindruck entstehen, daß Sie Ihr Studium nicht besonders ernst nehmen. Können Sie mir diesen Widerspruch erklären?"

„Für mich ist es keiner", antwortete Leno. „Mich interessiert die Literatur, denn sie ist Ausdruck des Lebens. Und das Leben fasziniert mich, denn es ist voller Komik, und ich lache gern. So war ich schon immer."

Morial lächelte. „Mir gefällt es, wenn jemand den Mut hat, schallend zu lachen, wenn alles um ihn herum in Ernst erstarrt."

„Ich brauche keinen Mut dazu. Es überkommt mich mit unwiderstehlicher Macht – und oft ist es gerade der Ernst der Menschen, der mich zum Lachen reizt. Der Ernst hat etwas ungeheuer Komisches – nicht immer, aber immer dann, wenn er nicht nötig ist, und das ist sehr oft der Fall."

„Ich glaube zu verstehen, was Sie meinen, aber Sie können nicht von jedem Hochschullehrer dieses Verständnis erwarten. Es gibt hier einige Professoren, die es nicht tolerieren werden, wenn Sie während ihrer Vorlesungen in schallendes Gelächter ausbrechen. Wenn Sie also Ihr Studium erfolgreich abschließen wollen, sollten Sie sich von einem Mann prüfen lassen, der fähig ist, Ihre Persönlichkeit zu verstehen. Ich empfehle Ihnen, sich an Professor Thalenus zu halten. Ich habe selbst bei ihm studiert und weiß daher, daß er über die nötige Souveränität und den erforderlichen Humor verfügt, um einem Studenten wie Ihnen gerecht zu werden."

„Ich danke Ihnen für Ihren Rat und werde ihn befolgen."

Der Dozent nickte zufrieden. „Welchen Beruf wollen Sie nach Ihrem Examen ergreifen?"

„Ich habe nicht die geringste Ahnung", antwortete Leno. „Lebensplanung ist nicht meine Sache. Ich konzentriere mich auf die Gegenwart und lasse die Dinge auf mich zukommen, nach dem Motto: Überquere die Brücke, wenn du vor ihr stehst."

Der Dozent zog etwas besorgt die Stirn in Falten und schob unwillkürlich die Unterlippe vor, was seinem Gesicht einen so drolligen Ausdruck verlieh, daß es Leno nur mit Mühe gelang, ein Auflachen zu unterdrücken.

Professor Thalenus, ein lebenskluger Gelehrter mit gütigem Gesichtsausdruck und grauem Vollbart, war von der Art, mit welch ansteckender Heiterkeit Leno sein Magisterexamen absolvierte, so beeindruckt, daß er ihn nach bestandener

Prüfung kurzentschlossen zum Mittagessen einlud. „Ich habe in meinem Leben schon viele Studenten geprüft, aber noch nie war einer so frei von Angst und Nervosität, so heiter wie Sie. Sie haben meine Neugier erweckt. Woher nehmen Sie Ihren außergewöhnlichen Frohsinn?" fragte Thalenus, als sie gemeinsam in einem Gasthaus saßen.

„Er wurde mir in die Wiege gelegt."

„Sie Glücklicher – verlieren Sie ihn nie!"

„Ich glaube, er ist unverlierbar. Er gehört zu mir wie die Farbe meiner Augen."

„Gut. Nun sind Sie Magister der Literatur. Wie stellen Sie sich Ihren weiteren Lebensweg vor? Wollen Sie Lehrer oder vielleicht Dozent werden?"

Leno schüttelte den Kopf. „Ich glaube, dazu mangelt es mir an der nötigen Ernsthaftigkeit."

Thalenus mußte lachen. „Ich fürchte, ich kann Ihnen da nicht widersprechen. Ich fürchte allerdings auch, daß Sie prinzipielle Schwierigkeiten im Berufsleben haben werden, denn im Grunde erfordert jeder Beruf ein gewisses Maß an Ernsthaftigkeit."

„Vielleicht sollte ich mich als Clown versuchen?"

„Ein begabter, ausgebildeter Akademiker als Clown – ich weiß nicht. Steht Ihnen denn nicht der Sinn nach Höherem? Fühlen Sie sich zu nichts berufen?"

„Ich verspüre des öfteren den Drang, meine Mitmenschen aus dem Gefängnis des unnötigen Ernstes zu befreien. Aber das ist wohl keine Berufung."

„Doch“, widersprach Thalenus, „es ist sogar eine edle Berufung! Sie offenbart Mitgefühl und dient einer guten Sache, denn Lachen ist erwiesenermaßen gesund für Leib und Seele. Sie sollten Ihre Berufung zu Ihrem Beruf machen! Von irgendwas müssen Sie schließlich leben! Geben Sie den allzu Ernsten Gründe zu lachen und lassen Sie sich dafür bezahlen. Es ist eine noble, hochachtbare Dienstleistung. Satteln Sie um vom Magister der Literatur zum Meister des Lachens und geben Sie Privatunterricht!“

„Soweit ich weiß, gibt es diesen Beruf nicht.“

Der Professor hob seinen Zeigefinger. „Noch nicht, mein lieber Leno, aber Sie werden ihn ins Leben rufen. Sie wissen doch: Was man braucht und nicht findet, muß man erfinden. Ich werde Ihnen dabei helfen. Ich kenne eine Reihe von Menschen, die sich eine zu starre, humorlose Sicht des Lebens angewöhnt haben und dringend eine Gemütsauflokkerung und Geistesaufhellung brauchen. Bei Ihnen wären sie in besten Händen.“

„Ich weiß nicht, wie ich Ihnen danken soll“, sagte Leno.

„Sie haben mir schon gedankt – durch Ihre ebenso geistreichen wie vergnüglichen Antworten auf meine Fragen im heutigen Examen. Ich habe in meiner ganzen Laufbahn noch nie erlebt, daß einer meiner Magisterkandidaten die gesamte Prüfungskommission mehrmals zum Lachen gebracht hat. Ihre Art, das Leben zu betrachten, ist von einer ansteckenden Heiterkeit – ein Virus, mein lieber Leno, den die Welt dringend braucht!“

Wenige Tage später stand Lenos erster Kunde vor der Tür seiner bescheidenen Bleibe – ein vornehm gekleideter, nahezu kahlköpfiger Mann mittleren Alters mit leicht gebeugtem Kopf, dessen Lebensfreude ebenso offensichtlich von ihm abgefallen war wie seine Haare. Er überspielte seine Unsicherheit mit einem sachlichen Auftreten und nahm mit steifen Bewegungen auf dem kleinen Sessel Platz, den Leno ihm angeboten hatte.

„Mein Name ist Meleton", stellte Lenos Gast sich vor. „Ich bin Geschäftsmann. Mein Freund Professor Thalenus hat mich zu Ihnen geschickt. Er weiß, daß ich schon lange unter chronischem Trübsinn leide und hat mir gesagt, daß Sie eine Marmorstatue zum Lachen bringen können."

„Er hat maßlos übertrieben. Es gelingt mir nur einfach nicht, dem Leben gegenüber eine ernsthafte Haltung einzunehmen."

„Ich fühle mich schon seit Jahren wie eine Statue, in fragwürdigen Kompromissen und Gewohnheiten erstarrt, über und über vom Staub der Alltagsroutine bedeckt. Ich lebe mein Leben schon lange nicht mehr, ich trage es nur noch wie einen schweren Rucksack mit mir umher."

„Was ist in Ihrem Rucksack?"

„Meine Enttäuschungen, vergeblichen Hoffnungen und unerfüllten Sehnsüchte. Meine verlorene Jugend, meine verschollenen Träume. Meine leblosen Gewohnheiten, meine tagtägliche Freudlosigkeit und Schwermut. Ich bin ein reicher Mann, der sich alles kaufen kann, was er begehrt. Aber was nützt es mir, wenn ich mich über nichts mehr wirklich freuen kann?"

„Nehmen Sie schleunigst Ihren Rucksack ab, lassen Sie ihn zu Boden fallen und lachen Sie darüber, daß Sie so dumm waren, ihn so lange zu schleppen."

„Offen gesagt, ich finde das nicht lustig."

Leno lachte auf. „Ich schon! Was Sie wirklich im Leben brauchen, hat Platz in Ihren Jackentaschen. Wer sich selbst zum Gepäckträger seiner Vergangenheit macht, darf sich nicht wundern, wenn er keine Gegenwart mehr hat und deshalb schwermütig wird. Die Quelle der Freude, die Quelle des Lachens liegt allein in der Gegenwart, darin sind sich die Weisen aller Zeiten einig. Und man findet diese Quelle nur mit leichtfüßigem Gang. Also werfen Sie Ihre Lasten ab! Wollen Sie ein Gepäckträger Ihrer Vergangenheit bleiben oder unbeschwert der Gegenwart begegnen?"

Lenos Besucher verzog den Mund, während gleichzeitig eine tiefe Falte äußerster Nachdenklichkeit auf seiner Stirn erschien, was seinem Gesicht einen so komischen Ausdruck verlieh, daß Leno ebenso schallend wie ausgiebig zu lachen begann.

Meleton sah ihn erst mit Befremdung und schließlich mit wachsender Ratlosigkeit an.

Plötzlich zuckten seine Mundwinkel unwillkürlich, er begann leicht zu lächeln – und unverhofft drangen aus seiner

Kehle Laute, die am Anfang zwar nur entfernt an ein Lachen erinnerten, doch sich nach und nach in ein wahres Gelächter hineinsteigerten, das sich mit Lenos vermischte.

„Das ist unglaublich! Wie machen Sie das?" sagte Meleton, rang nach Luft und wischte sich die Tränen aus den Augen. „Ich habe zum ersten Mal seit Jahren wieder herzhaft und ausgelassen gelacht – und fühle mich wie neugeboren! Ich bin Thalenus dankbar, daß er mich zu Ihnen geschickt hat, sehr dankbar. Er sagte mir, daß Sie es Ihren Kunden überlassen, die Höhe Ihres Honorars zu bestimmen. Sie sind eine Koryphäe auf Ihrem Gebiet und verdienen eine entsprechende Entlohnung."

Meleton zog eine prall gefüllte Brieftasche aus seiner Jakkentasche und legte eine Summe auf den Tisch, die so hoch war, daß Leno erneut von einem Lachanfall ergriffen wurde.

Und wieder konnte Meleton der geballten Ansteckungskraft dieses Lachens nicht widerstehen, in dem der ganze Witz des Lebens konzentriert schien.

„Darf ich in einer Woche um dieselbe Zeit wiederkommen?" fragte er und stand auf. „Ich würde Ihre Dienste gern regelmäßig in Anspruch nehmen. Ihre Gesellschaft belebt und erheitert mich auf wundersame Weise", erklärte er, gab Leno die Hand und ging zur Tür, mit leichtem Schritt und erhobenen Kopf. Bevor er seine Hand auf die Klinke legte, drehte er sich um und sagte: „Ich werde Sie wärmstens weiterempfehlen, junger Mann, wenn es Ihnen recht ist. Sie sind ein segensreiches Licht in der Finsternis der Welt."

In den nächsten Wochen bekam Leno täglich Besuch von fein gekleideten Damen und Herren, denen es allesamt nicht an weltlichen Gütern fehlte, aber an der Fähigkeit, sich an ihrem Leben zu erfreuen und ihm die heiteren Seiten abzugewinnen.

Keiner seiner Gäste verließ Leno, ohne nicht wenigstens einmal schallend gelacht zu haben – mit erfrischtem Herzen, getrösteter Seele und neuer Lebenslust.

Er wußte auf ihre Fragen immer die richtigen Antworten, er machte ihnen ihre unnötigen Probleme und sinnlosen Sorgen oder Ängste mit einer spielerischen Leichtigkeit bewußt, die sie bezauberte und verwandelte. Er lehrte sie, daß wahrer Humor nicht vor der eigenen Person haltmacht. Und wenn sie im Laufe ihres Besuches aus alter Gewohnheit wieder in den Sumpf des Mißmuts oder Selbstmitleids zu geraten drohten, führte er sie mit frappierender Geschicklichkeit auf den Weg zur Heiterkeit zurück.

Alle seine Gäste belohnten ihn reich und versprachen, ihn weiterzuempfehlen.

Als Leno nach einem Monat das Geld zählte, das seine Besucher ihm dagelassen hatten, mußte er lachen, bis ihm der Bauch weh tat. So viel Geld – und er hatte nichts dafür getan, als einfach nur er selbst zu sein!

Kurz darauf klopfte es an seiner Tür. Er öffnete sie – und freute sich über den unerwarteten Besuch seines ehemaligen Professors Thalenus.

„Ich höre nur Gutes über Sie, Leno, und ich sehe die hocherfreulichen Ergebnisse Ihrer Behandlungsmethoden in den Gesichtern meiner Freunde und Kollegen, die ich zu Ihnen geschickt habe. Ich habe über Sie nachgedacht und bin mir sicher, daß Sie ein geborener Arzt der Seele sind, und Ihre Kunden sind im Grunde Ihre Patienten."

„Aber ich habe gar keine Behandlungsmethode. Ich sage nur, was ich denke – und bin, der ich bin."

„Sie haben recht, ich habe mich falsch ausgedrückt. Wie auch immer: Sie stellen die Gesetze der Heilkunst auf den Kopf. Normale Ärzte heilen ihre Patienten, wenn sie sich infiziert haben. Sie infizieren Ihre Patienten – mit dem Virus der Lachlust, und heilen sie dadurch. Sie alle haben Ihnen viel zu verdanken."

„Und ich habe Ihnen viel zu verdanken", sagte Leno.

Thalenus winkte ab. „Ach was! Es ist meine Berufung, die Berufung meiner Studenten zu erkennen und zu fördern, auch wenn sie aus dem akademischen Rahmen fällt." Er sah sich in Lenos Zimmer um. „Sie wohnen hier sehr bescheiden und beengt. Ich möchte Ihnen einen Vorschlag machen! Vor zwei Wochen hat mein Sohn das Haus verlassen, um sein Studium zu beginnen, womit das Dachgeschoß meines Hauses frei geworden ist. Es besteht aus drei gemütlichen Zimmern, einer Küche und einem Bad. Sie würden dort wesentlich angenehmer wohnen, und ich wüßte es sehr zu schätzen, in Ihrer Nähe zu sein."

„Ich freue mich sehr und ziehe gern in Ihr Haus. Da ich nun viel Geld verdiene, kann ich mir eine höhere Miete leisten. Und für meine Gäste wäre es sicherlich angenehmer, mich zu besuchen."

„Ich habe nicht vor, von Ihnen Miete zu verlangen, Leno. Sie wohnen kostenlos. Wer das Glück hat, mit Ihnen unter einem Dach zu leben, ist mehr als genug belohnt."

Leno sah Thalenus überrascht in die Augen. „Warum tun Sie das für mich?"

„Aus purem Egoismus", antwortete der Professor. „Wer würde nicht gern an der Quelle des Lachens sitzen? Also packen Sie Ihre Siebensachen! Morgen um die Mittagszeit kommt mein Diener mit einem Wagen und hilft Ihnen beim Umzug."

Leno lächelte überglücklich. „Ich werde bereit sein."

Thalenus nickte lächelnd, stand auf und sagte: „Als ich über Sie nachdachte, kam mir ein Gedanke, den ich Ihnen nicht vorenthalten darf. Schreiben Sie ein Buch über Ihre Art, das Leben zu betrachten! Sie könnten damit noch wesentlich mehr Menschen erreichen und ihnen helfen, Lebensfreude zu gewinnen, denn ich bin sicher, daß der Virus Ihrer Lachlust sich zwischen den Zeilen Ihres Buches einnisten und von dort aus jeden Leser befallen wird."

„Ich werde Ihren Rat befolgen", entschied Leno ohne Zögern.

„Gut. Ich zähle einen Verleger zu meinen Freunden, der Ihrem Werk die gebührende Aufmerksamkeit verschaffen wird.“

„Sie öffnen mir eine Tür nach der anderen, Thalenus. Warum?“

„Weil mich die Art und Weise fasziniert, wie Sie hindurchgehen – so heiter und beschwingt, als würden Ihre Füße kaum den Boden berühren.“

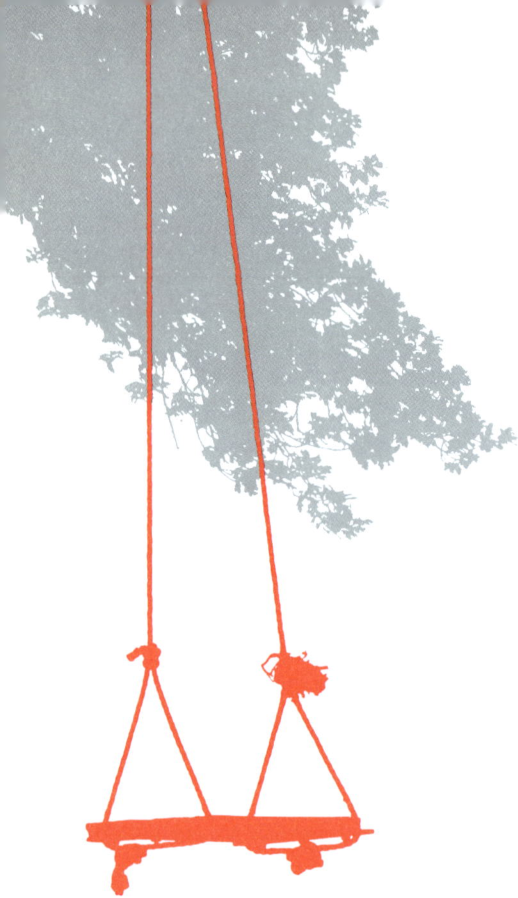

V.

Ans Licht

Gedichte

Morgengedanken

Die Zeit langsamer machen,
die Eile ins Abseits schicken,
den Augenblick tief einatmen
und dem Lächeln gute Gründe geben.

Die Sonne an die Haut
und an die Seele lassen,
den Tag empfangen
wie einen lang vermißten Freund –
und innig umarmen.

Vom Suchen und Finden

Die Sonne strahlt,
du gehst am Flußufer entlang –
und aus heiterem Himmel fliegt
dir ein lang gesuchtes Lebensgefühl zu,
das dich zum Lächeln bringt.

Und du fragst dich,
was die ganze Suche soll,
wenn das Finden
sich nirgendwo versteckt.

Ans Licht

Sag deiner Seele,
sie soll ihr
schönstes Kleid tragen
heute abend.
Sag ihr,
es ist soweit:
Die Sterne haben
ihren Segen gegeben.
Was nun geschieht,
führt näher ans Licht.

Voraussagen

Du bist frei,
auch wenn du es
noch nicht weißt.

Du bist schön,
auch wenn du es
noch nicht siehst.

Du wirst glücklich sein,
auch wenn du es
nicht mehr glaubst.

Du wirst du selbst sein,
auch wenn du nicht einmal ahnst,
wer du bist.

Ungewissheit

Ein Unglück kann sich
als Glück herausstellen,
ein Glück kann Unglück bringen.
Das Schlechte kann den Weg
ins Gute öffnen,
das Gute kann schlecht werden.
Gewiß ist nur die Ungewißheit,
verläßlich allein der Wandel.

Das Leben weiß es besser als wir –
es sei denn, wir sind eins mit ihm.

Vertrauensfrage

Wenn du das Leben
wirklich kennenlernen willst,
mußt du dich ihm anvertrauen,
darfst keine Angst vor ihm haben,
keine Scheu vor seiner Natur,
die auch deine ist.

Erkennst du sie,
hast du dich erkannt.

Unhaltbar

Kein Glück ist von Dauer,
aber auch kein Unglück –
die Vergänglichkeit ist
eine zuverlässige Kraft.
Doch das ist kein
Grund zur Resignation,
sondern ein zusätzlicher Reiz,
das Glück in vollen Zügen
zu genießen,
gerade weil es sich
nicht halten läßt.

Beschränke dich nicht

Gib dich nicht
mit dem zufrieden,
was dich nicht befriedigt.

Finde dich nicht
mit dem ab,
was du nicht gesucht hast.

Beschränke dich nicht
auf das,
was dich beschränkt.

Gewöhne dich nicht
an das,
was dich gewöhnlich macht.

Nicht vergessen

Mit der Zeit gehen,
sich aber nicht
von der Zeit gängeln lassen.

Neue Blüten entfalten,
aber seinen Wurzeln treu bleiben.

Erfahrungen gewinnen,
aber den Glauben an die Liebe
nicht verlieren.

Den Tod nicht vergessen,
und eben deshalb nie das Leben.

Kennst du das?

Kennst du das?
Die du willst,
wollen dich nicht.
Und die dich wollen,
willst du nicht.

Willst du die,
die du willst?
Dann hör auf,
sie zu wollen.

Was bliebe dir?

Du blickst in den Spiegel
und siehst ein Gesicht,
das dich nur noch entfernt
an dich erinnert,
weil es gezeichnet ist
von Enttäuschungen,
die dich seelisch
in die Knie zwangen.

Doch du willst
ihn nicht verlieren,
den Glanz in deinen Augen,
denn du würdest dich damit
selbst verlieren –
und was bliebe dir
ohne dich?

Rückführung

Die Nacht hat mir
den Frieden gegeben,
den ich suchte.
Der Schlaf hat mir
die Träume geschenkt,
die ich brauchte.

Ich hatte mich verloren
im Chaos der letzten Zeit.
Meine Träume haben mich
zu mir zurückgeführt –
zur Klarheit und Zuversicht,
zu meiner inneren Heiterkeit.

Glaub an dich

Laß dich nicht unterkriegen –
nicht alle Menschen sind so
wie die, die dich enttäuschten.

Laß dich nicht verbiegen –
es gibt Menschen,
die dich so brauchen, wie du bist.

Laß dich nicht besiegen –
von denen, die meinen,
sie hätten leichtes Spiel mit dir.

Bewahre den Glauben an dich –
und du wirst Menschen finden,
die ihn mit dir teilen.

Aber

Scheitern,
aber nicht verbittern.

Betrogen werden,
aber nicht betrügen.

Illusionen aufgeben,
aber nicht die Hoffnung.

Enttäuschungen erleiden,
aber nicht resignieren.

Sich abfinden,
aber nicht abstumpfen.

Belogen werden,
aber aufrichtig bleiben.

Träume verlieren,
aber nicht das Träumen.

Mitverantwortung

Du selbst bist
mit dafür verantwortlich,
wie andere Menschen
dich behandeln.
Du selbst entscheidest,
wo und wann du
eine Grenze schließt oder öffnest.

Niemand kann dich
betrügen oder unterdrücken,
wenn du ihm nicht
die Möglichkeit dazu gibst.

Wunderbare Geschenke

Du gabst mir Hoffnung,
als ich zu resignieren drohte,
gabst mir Kraft,
als meine Schritte langsam wurden,
schenktest mir Wärme,
als mein Herz zu frieren begann.

Auch wenn sich alles ändern wird,
weil alles sich ändern muß,
wird die Erinnerung
an deine wunderbaren Geschenke
mir immer aufs neue
Hoffnung, Kraft und Wärme geben.

Offenbarungen

Du hast dich offenbart,
als ich die Hoffnung
auf dein Erscheinen
so gut wie verloren hatte.

Du hast mir offenbart,
daß ich die Hoffnung
auf die Erfüllung
meiner tiefsten Sehnsüchte
niemals verlieren darf,
weil ich mich damit
selbst verlieren würde.

In eigener Sache

Ich nehme mein Leben
in die Hand.
Leicht ist es
und gut zu fühlen.

Zeit gilt nicht,
wenn alles lauscht
und nur der Atem geht
wie sanfter Wind durchs Gras.

Ich schaue hoch.

Wer ich bin,
ist nicht zu sagen;
ich mache mir
keinen Vers auf mich;
kein Wort ist so grün
wie die Blätter der Bäume.

Ich bleibe auf dem Teppich
meiner Möglichkeiten
und hoffe,
daß er fliegen lernt.

VI.

Zauber der Freundschaft

Ein Märchen

Zauber der Freundschaft

Vor einem Jahr war eine ältere Frau namens Maluna in das kleine Haus am Dorfrand gezogen, das sie von ihrem Onkel geerbt hatte.

Maluna erwies sich als eine zurückhaltende Frau, die allen Dorfbewohnern zwar mit Respekt und Freundlichkeit begegnete, aber mit niemandem nähere Bekanntschaft schließen wollte. Sie bewahrte immer eine gewisse Distanz, was ihr bald den Ruf einer Außenseiterin eintrug.

Vielleicht, munkelte man, hatte jemand in ihrem früheren Leben sie so sehr verletzt, daß sie menschenscheu geworden war. Vielleicht seien ihr die einfachen Leute im Dorf nicht gut genug, hieß es auch, immerhin habe sie in ihrem Berufsleben als Lehrerin an einer höheren Schule in einer großen Stadt unterrichtet.

Kein Dorfbewohner wagte mehr, ihr einen Besuch abzustatten, nachdem sie einigen unangemeldeten Gästen auf höfliche, aber unmißverständliche Weise gezeigt hatte, daß ihr nichts an ihrer Gesellschaft lag.

Seit Malunas Erscheinen im Dorf war der Schuljunge Palo ihr schon einige Male begegnet, beim Lebensmittelhändler, im Papiergeschäft oder auf der Straße, und jedes Mal, wenn ihre Blicke sich trafen, hatte sie ihn so angelächelt, daß ihm warm ums Herz wurde.

Einmal sagte er beim Abendessen mit seiner Familie, daß sie eine freundliche Frau sei. Sein Vater lachte seltsam und erwiderte: „Nett findest du sie? Die meisten halten sie für ungesellig und sonderlich. Komm bloß nicht auf die Idee, sie anzusprechen! Sie will nichts von uns Dorfleuten wissen, also wollen wir nichts von ihr wissen.“

In diesem Moment entschloß Palo sich, Maluna zu besuchen.

Eine Woche hatte er gebraucht, um genug Mut zu sammeln. Nun stand er vor ihrer Haustür, sah noch einmal nach rechts und links, um sicherzugehen, daß ihn niemand gesehen hatte, und betätigte den Türklopfer.

Wahrscheinlich würde sie ihn mit höflichen Worten wegschicken wie alle anderen vor ihm, aber Palo wollte es auf einen Versuch ankommen lassen, denn etwas an Maluna zog ihn an. Er hätte nicht sagen können, was es war, er spürte nur, daß sie anders war als die anderen – und daß dies etwas war, das er mit ihr gemeinsam hatte. Nur versteckte er seine Andersartigkeit und tat so, als sei er wie alle, während sie keinen Hehl daraus machte.

Die Haustür wurde geöffnet, Maluna stand lächelnd vor ihm und sagte: „Da bist du ja, Palo! Du hast dir viel Zeit gelassen. Aber jetzt bist du endlich gekommen, und darüber freue ich mich sehr. Laß uns in den Garten gehen!“

Palo hatte mit allem, nur nicht mit dieser herzlichen Begrüßung gerechnet. Maluna kannte sogar seinen Namen! Offensichtlich hatte sie jemanden danach gefragt, und das war wiederum ein Zeichen dafür, daß sie sich für ihn interessierte – ausgerechnet sie, die sich für niemanden im Dorf zu interessieren schien.

Sprachlos folgte er ihr durch das Haus in den Garten, wo so viele Blumen aller Arten blühten, daß Palo sich nicht an ihnen satt sehen konnte.

„Sie lieben Blumen", sagte er schließlich.

„Ich liebe alles, was schön ist. Setz dich und laß uns reden! Deswegen hast du doch an meine Tür geklopft."

Ja, deswegen war er gekommen – aus dem Gefühl heraus, daß er von Maluna Antworten auf die Fragen bekommen würde, die alle anderen nur mit einem Achselzucken oder befremdeten Blicken bedacht hatten, bis er seine Fragen für sich behielt. Aber sie ließen ihm keine Ruhe, lagen ihm auf der Seele und wollten gestellt werden, und schließlich hatten sie ihn zu Malunas Haus getrieben.

„Woher wissen Sie, daß ich mit Ihnen reden will?" fragte Palo.

Maluna lächelte. „Ich habe ungestellte Fragen in deinen Augen gesehen, immer wenn wir uns im Dorf begegnet sind, und wußte, daß du früher oder später mit ihnen zu mir kommen würdest. Du kommst eher später. Wahrscheinlich haben deine Eltern dich vor mir gewarnt."

Palo nickte. „Mein Vater hält Sie für sonderlich und ungesellig."

Maluna zuckte mit den Achseln. „So sind die Menschen. Ist einer nicht so wie alle anderen, werden sie unsicher. Ihre

Unsicherheit macht sie unduldsam, und schon ist jemand, der seinen eigenen Weg geht oder einfach nur seine Ruhe haben will, für sie ein Sonderling, ein Eigenbrötler, dem nicht zu trauen ist. Wenn sie ihm diesen Stempel aufgedrückt haben, fühlen sie sich wieder besser."

„Aber Sie sind doch eine Einzelgängerin."

„Ja, aber nicht aus Überzeugung, sondern aus Mangel an Gelegenheit. Es ist ein ebenso großes wie seltenes Glück, einen Menschen zu finden, mit dem man eine wahre Freundschaft entfalten und pflegen kann. Wenn die Seelen sich nicht vertrauensvoll einander öffnen, bleibt jede Beziehung oberflächlich, und ich bin lieber allein, als meine Zeit mit seichten Gesprächen zu vergeuden."

„Ich habe auch keinen wahren Freund", gestand Palo ihr, „weder hier im Dorf, noch an der Schule in der Stadt. Ich wünsche mir oft einen Menschen, dem ich sagen kann, was ich allen verschweige, weil sie es ohnehin nicht beachten oder verstehen würden – und weil ich Angst davor habe, daß sie mich als Spinner abstempeln."

„Wie alt bist du?"

„Fast siebzehn."

„Palo, in deinem Alter geht die Erkenntnis der eigenen Andersartigkeit immer mit der berechtigten Furcht Hand in Hand, von den anderen abgelehnt und verspottet zu werden, und so versteckt man sein wahres Gesicht hinter einer Maske, um sich zu schützen. Du wirst erleben, daß die Angst, dich so zu zeigen, wie du bist, mit den Jahren immer mehr nachläßt, während der Mut, der dich heute schon zu mir geführt hat, wachsen und dich zu anderen Menschen leiten wird, denen du dich furchtlos öffnen kannst."

„Wie können Sie das so sicher sagen?"

Maluna zuckte mit den Schultern. „Ich weiß nicht, wie – ich weiß nur, daß ich es kann. Ich schaue in deine Augen und sehe es."

„Seltsam", sagte Palo, „ich schaue in Ihre Augen und glaube Ihnen."

Maluna streckte ihm die Hand entgegen: „Dann laß uns Freunde sein – und sieze mich nicht mehr."

Palo ergriff und drückte ohne Zögern ihre Hand, obwohl er sich nicht hätte träumen lassen, daß der erste Freund, den er in seinem Leben fand, fast schon so alt war wie seine Großmutter. Nun aber, da es geschehen war, kam es ihm überhaupt nicht seltsam, sondern ganz natürlich vor.

„Ich sehe dir an, daß dich etwas bedrückt, Palo. Ist es vielleicht das Gefühl, wach zu sein, während alle um dich herum schlafen?"

Palo nickte überrascht. „Ja, ich habe oft das Gefühl, manches zu sehen, was die anderen nicht erkennen. Und wenn man es ihnen sagt, wünscht man sich hinterher, daß man den Mund gehalten hätte, weil die befremdeten Blicke weh tun. Und schließlich schweigt man."

„Bis man das Schweigen nicht mehr ertragen kann und einen Menschen findet, bei dem man es endlich brechen kann", sagte Maluna.

Palo nickte. „Ich fühle mich zu Hause in meiner eigenen Welt, aber einsam in der Welt der anderen. Ich bin ein guter Schüler, aber der Unterricht langweilt mich, auch wenn ich es nicht zeige. Die Lehrer vermitteln mir trockenes Wissen, aber ich sehne mich nach lebendiger Einsicht. Meine Eltern führen ein Leben, das nur eine Aneinanderreihung von Notwendigkeiten und Gewohnheiten ist. Ich achte sie, aber frage mich manchmal, ob ich sie noch liebe. Meine Klassenkameraden vergeuden ihre Zeit mit oberflächlichen Spielen und Vergnügungen. Meine einzigen wahren Freunde sind meine Bücher."

„Sehe ich aus wie ein Buch, Palo?"

„Entschuldige, Maluna, meine einzigen Freunde waren meine Bücher – bis eben."

„Bücher können wunderbar reden, Palo, aber leider nicht zuhören."

Eine Hummel flog laut brummend vorbei und setzte sich auf eine der zahllosen Blumen.

„Die Seelen der Menschen unterscheiden sich so sehr voneinander wie die Körper der Tiere", sagte Maluna. „Manche sind wie Hummeln, andere wie Maulwürfe – manche sind wie Vögel, andere wie Raubkatzen. Ich erkenne es immer in ihren Augen."

„Welches Tier siehst du in meinen, Maluna?"

„Ich habe es gleich bei unserer ersten Begegnung im Dorf entdeckt: Du hast die Seele eines Schmetterlings. Du bist geboren worden, um Schönheit, Freiheit, Leichtigkeit, Poesie in die Welt zu bringen. Du bist ein farbenfroher Gaukler der Lüfte, der damit begonnen hat, sich zu entpuppen. Deine Bestimmung ist es, ein Künstler zu werden, um mit deinen Werken den Menschen Farben und Lichter zu schenken in dieser oft so grauen, düsteren Welt."

Palo sah seine Freundin ungläubig an, und einen Moment lang war sie ihm fast unheimlich. Wie konnte sie so gut in ihn hineinsehen und erkennen, was er vor aller Welt versteckt hielt? Wie konnte sie wissen, daß es sein größter und geheimster Traum war, einmal ein Schriftsteller zu werden?

„Und", fragte Maluna ihren jungen Freund, „welches Tier entdeckst du in meinen Augen?"

Palos Blick legte sich auf ihr faltiges, aber in gewisser Weise jung gebliebenes Gesicht und erforschte ihre blauen Augen. So junge Augen in einem alten Gesicht, dachte er – und plötzlich erkannte er die Gestalt ihrer Seele.

„Ich sehe einen Vogel – eine Nachtigall."

Maluna lächelte überrascht. „Ich bin beeindruckt! Die größte Leidenschaft meines Lebens war schon immer der Gesang. Ich singe so gern wie eine Nachtigall, aber leider nicht so schön. Sonst wäre ich sicherlich Sängerin geworden, nicht Musiklehrerin."

„Ich schreibe heimlich", gestand Palo ihr. „Kleine Geschichten, die ich noch keiner Menschenseele vorgelesen habe. Und manchmal träume ich davon, ein Dichter zu werden. Aber ein Dichter darf man nur sein, nicht werden."

Maluna winkte ab. „Wer immer das auch gesagt hat –

es ist Unsinn! Wie soll man ein Dichter sein, wenn man es nicht vorher werden wollte? Glaubst du, es geschieht von selbst? Du wachst eines schönen Morgens auf und bist ein berühmter Dichter? Nein, so gelingt es nicht. Du mußt es schon wollen, unbedingt wollen, und wenn deine Berufung echt ist, wird sich dein Traum verwirklichen, aber nicht von heute auf morgen, sondern als Ergebnis jahrelanger, unbewußter Vorbereitungen und Anstrengungen, mit denen du schon begonnen hast."

„Ich weiß nicht, warum, aber ich habe meine kleinen Geschichten mitgebracht. Sie sind in meiner Umhängetasche."

Maluna schmunzelte. „Das habe ich mir fast gedacht."

„Kannst du in die Zukunft sehen?"

„Ich kann sie manchmal vorausfühlen."

Palo wunderte sich über sich selbst, als er sich bückte und seinen größten Schatz aus der Tasche zog – die immer sorgfältig versteckte Kladde, in die er seine Erlebnisse, Einsichten und Phantasien, in kleine Erzählungen gekleidet, zu Papier gebracht hatte.

„Magst du mir eine deiner Geschichten vorlesen?" hörte er Maluna fragen.

Ohne Zögern schlug er das Schreibheft auf und las Maluna nach kurzem Blättern eine kleine Erzählung über die Hoffnung und den Zweifel vor.

Nachdem Palo seine kleine Lesung beendet hatte, schwieg Maluna lange, bevor sie sagte: „Das ist eine schöne und kluge Geschichte, die mir zeigt, daß du mit deinen siebzehn Jahren schon mehr über das Wesen des Menschen weißt, als andere jemals wissen werden. Und sie beweist mir, daß du über das nötige Talent verfügst, um deine Berufung zu verwirklichen. Ich zweifle nicht daran, daß du eines Tages ein berühmter Dichter sein wirst.“

„Ich träume oft davon, aber ich kann nicht daran glauben, daß sich mein Traum erfüllen wird. Alle sagen, das Schreiben sei eine brotlose Kunst. Ich habe gelesen, daß nur sehr wenige Schriftsteller von ihren Büchern leben können.“

„Du wirst einer dieser wenigen sein“, sagte Maluna.

Palo schüttelte unwillkürlich den Kopf. „Ich fürchte, daß ich als Lehrer enden werde, der mit seinen Schülern über Bücher spricht, anstatt sie zu schreiben. Dir ist es doch auch nicht gelungen, Sängerin zu werden.“

„Ich habe es auch gar nicht versucht, weil mir bewußt war, daß meine Begabung nicht ausreichte. Aber wenn man einen Traum hat und dazu über das erforderliche Talent verfügt, muß man ihn verwirklichen – sonst wird man unglücklich und krank.“

Maluna seufzte.

„In der Stadt, aus der ich komme, lebte ein Mann in meiner Nachbarschaft, der wunderschöne Bilder malte und davon träumte, als Maler zu leben. Aber er hatte Angst davor, nicht genug Geld mit seinen Bildern zu verdienen, und so ergriff er einen Beruf, der seine Taschen füllte, aber seine Seele leerte. Mit den Jahren wurde er immer trübsinniger und bekam schließlich eine unheilbare Krankheit, an der er leidvoll starb ... Die Angst davor, unseren Träumen zu folgen, ist eine unserer gefährlichsten Feindinnen. Sie kann uns alles Leben aus der Seele und dem Körper saugen. Hüte dich vor ihr, Palo. Hab Angst vor dieser Angst!"

Palo sah Maluna lange in die Augen und fühlte immer deutlicher, daß sie die Wahrheit sagte. Sie war der erste Mensch, dem er seine tiefste Sehnsucht offenbart hatte, und der sie nicht nur verstand, sondern sogar noch unterstützte. Er fand keine Worte, seine Gefühle auszudrücken; daß Maluna seinen Mut, sich ihr zu öffnen, auf so wunderbare Weise belohnte, überwältigte ihn, machte ihn sprachlos.

„Die Menschen sind alle so schrecklich vernünftig", sagte Maluna. „Sie betrachten das Leben mit den Augen des Verstandes, anstatt mit denen des Herzens."

„Mein Vater hat öfter zu mir gesagt, ich sei unvernünftig."

„Das sagen alle Menschen, die ihre Träume im Stich gelassen haben, zu denen, die ihnen treu bleiben wollen. Da sie selbst keine Sehnsüchte mehr haben, wollen sie den anderen ihre nehmen. So sind die meisten Leute, sie wollen die anderen so haben, wie sie selbst sind. Deshalb gib gut auf deine Träume acht, sonst fliegen sie davon – und mit ihnen deine Flügel, Schmetterling. Steh zu dem tiefen Wunsch, Palo, den ich in deinen Augen sehe. Du willst durch dein Leben nicht gehen – du willst fliegen. Ich weiß, daß du es kannst!"

Palo fühlte, wie gut ihm Malunas Worte taten, wie sie ihm Kraft und Zuversicht einflößten. Sie glaubte an ihn – an das

Beste in ihm, sein wahres Wesen, das er bislang vor allen Menschen verborgen hatte. Aber jetzt war er nicht mehr allein mit seinen Hoffnungen und Zweifeln, und ein warmes Gefühl der Erleichterung und Dankbarkeit erfüllte sein Herz.

„Weißt du, Palo, die meisten Menschen sind feige. Sie lassen sich von ihren Ängsten durchs Leben führen, anstatt von ihren Träumen ... Doch unsere Sehnsüchte und Hoffnungen wollen ernst und wichtig genommen werden. Wer sie verdrängt, unterdrückt das Beste in sich und wird ein hohler Mensch. Wer seinen Träumen folgt, braucht Mut. Ich spüre, daß du ihn hast, er strahlt aus deiner Seele."

„Sag, Maluna, hast du auch einen Traum?"

Sie lächelte. „Oh ja. Ich hatte schon immer mehr Träume, als die Welt zerstören konnte. Als ich vor einem Jahr die Stadt verließ, in der mich alles an meinen verstorbenen Liebsten erinnerte, bin ich mit einem Traum in dieses Dorf gezogen, der heute in Erfüllung gegangen ist: Ich habe einen Freund gefunden."

Ohne daß er sich dagegen wehren konnte und ohne daß er sich dafür schämte, kamen Palo die Tränen.

Er und Maluna standen im selben Augenblick auf und umarmten sich.

Als Palo ging, fühlte er sich so beschwingt und beschenkt wie noch nie zuvor in seinem Leben.

Von diesem Tag an besuchte er Maluna, wann immer er Zeit dazu fand. Meistens saß er mit ihr im Blumengarten und sprach offen und vertrauensvoll über alles, was er bislang niemandem anzuvertrauen gewagt hatte. Er offenbarte Maluna seine geheimsten Gedanken und tiefsten Gefühle, er öffnete ihr seine Seele und zeigte sich so, wie er wirklich war – und Maluna gefiel alles, was sie sah. Sie gab ihm Mut und Vertrauen ins Leben, wenn Zweifel ihn bedrängten. Sie stärkte seinen Glauben an sich selbst, an seine Fähigkeiten und seine Zukunft, wenn Ängste ihn bedrückten.

„Du hast begonnen, der Stimme deiner Seele zu folgen", sagte sie ihm ein halbes Jahr nach seinem ersten Besuch, als Palo ihr seine neueste und wohl auch beste Erzählung vorgelesen hatte. „Viele Menschen werden deine Bücher lesen, in denen deine schöne Seele zu ihnen spricht, und sich berührt und reich beschenkt fühlen. Ich bin stolz, deine Freundin zu sein."

„Ich bin stolz, dein Freund zu sein", erwiderte Palo, „und ich fürchte mich davor, dich verlassen zu müssen, wenn mein Studium im Herbst beginnt. Ich werde dich sehr vermissen."

„Du brauchst keine Angst zu haben, Palo. Aus den Augen heißt bei uns beiden nicht aus dem Sinn. Du wirst immer in meinem Herzen sein, auch wenn du Tagesreisen von mir entfernt bist."

„Du auch", sagte Palo.

„Schau nicht so traurig! Du mußt in die Welt hinaus, du bist aus diesem kleinen Dorf herausgewachsen. Du brauchst

Erfahrungen, Eindrücke, Inspiration. Das Studentenleben wird dir all dies bieten. Wir werden uns Briefe schreiben, ich freue mich schon darauf. Und jetzt laß uns nicht mehr von Abschied reden, noch bist du hier. Laß uns den Augenblick genießen!"

Nach seinem Schulabschluß zog Palo in eine weit entfernte Universitätsstadt und studierte Literatur und Philosophie, aber vor allem das Leben und die Liebe. Der Abschied von seiner Familie und seinem Heimatdorf war ihm nicht schwergefallen, doch die Trennung von Maluna hinterließ eine Traurigkeit in ihm, die noch monatelang einen Schatten auf sein Gemüt warf.

Jede Woche schrieb er ihr einen Brief, jede Woche erhielt er eine Antwort von ihr. Allein der Gedanke, daß Maluna lebte, gab ihm Kraft und Zuversicht.

Schon während seiner Studienzeit erschien sein erstes Buch mit gefühlvollen, feinsinnigen Erzählungen, das ein bekannter Kritiker als vielversprechend bezeichnete.

Nach der Beendigung seines Studiums widmete sich Palo mit ganzer Kraft dem Schreiben und ließ sich dabei so sehr in den Bann der Schaffensfreude ziehen, daß er vergaß, ob es Tag oder Nacht war. Er lebte so sparsam wie möglich von dem Vorschuß, den ein Verleger, der an ihn glaubte, ihm gezahlt hatte.

Mehr und mehr fühlte Palo sich heimisch im Reich der

Wörter, immer besser gelang ihm der Sprung vom ungeformten Gedanken zum vollkommenen Ausdruck, immer tiefer senkte sich sein Blick in die Natur des Lebens, das ein Füllhorn von Geschichten bereithielt, die nur darauf warteten, aus der Seele des Dichters in die Sprache zu fließen – und von dort in die Seele des Lesers, um sie zu beschenken, zu inspirieren, vielleicht auch zu erwecken aus dem Schlaf der Alltäglichkeit.

Palo aß und trank nicht, wenn er schrieb, er vergaß die Welt um sich herum, während er mit der Aneinanderreihung von Buchstaben Welten aus sich heraus schuf.

Malunas Worte, daß er zum Schreiben berufen sei, kamen ihm immer wieder in den Sinn. Ohne ihre Hilfe hätte er vielleicht nie gelernt, an sich zu glauben.

Ein Schriftsteller, der seine Leser verzaubern wollte, mußte von Zuversicht erfüllt, von Leidenschaft getragen und von der Sehnsucht inspiriert sein, das Unsagbare fühlbar zu machen. Ihm mußte das, was zwischen seinen Zeilen stand, mehr bedeuten als das, was in ihnen stand – denn wichtiger als alles, was Worte sagten, war das, was sie unsichtbar mit sich führten, was sie den Augen verbargen, aber der Seele offenbarten. Er mußte fühlen, was er schrieb – und schreiben, was er fühlte.

Manchmal war es Palo beim Schreiben so, als stände er kurz davor, einen Vorhang zurückzuziehen, hinter dem ihn ein Anblick erwartete, der das Leben in seiner ganzen Rätselhaftigkeit mit einem Schlag erhellen würde – und vielleicht war diese Sehnsucht nach vollkommener Einsicht die stärkste Triebfeder seines selbstvergessenen Schaffens.

Sein erster Roman, den er im Alter von sechsundzwanzig Jahren veröffentlichte, wurde ein außergewöhnlicher Erfolg und machte Palo über Nacht zu einem gefeierten Schriftsteller, dem von allen Seiten eine große Zukunft vorausgesagt wurde.

In den Jahren seines leidenschaftlichen Lebens und Schaffens waren Palos Erinnerungen an seine innerlich einsame Jugend verblaßt – bis auf die Gespräche mit Maluna. Sie allein behielten ihre Klarheit und Farben.

Die beiden Freunde schrieben sich nach wie vor regelmäßig lange Briefe. Vor zwei Jahren hatte er Maluna zum letzten Mal besucht. Schon mehrmals hatte er sich seitdem vorgenommen, sie wiederzusehen, aber immer hielt ihn etwas davon ab, denn seine Schreibleidenschaft und sein Ruhm hatten ihn zu einem vielbeschäftigten Mann gemacht.

In den letzten drei Wochen hatte er keinen Brief von Maluna erhalten, die ihm sonst jede Woche einmal geschrieben hatte, was ihn von Tag zu Tag mehr beunruhigte.

Vielleicht folgte er deshalb endlich seinem langgehegten Herzenswunsch, Maluna wieder in die Arme zu schließen und mit ihr wie damals im Garten zu sitzen, mit ihr zu reden, ihre Nähe zu spüren und ihr für alles zu danken, was sie ihm geschenkt hatte.

Als er mit den letzten Vorbereitungen für die lange Reise in sein Heimatdorf beschäftigt war, klopfte ein Bote an seiner Tür und brachte ihm Post von einem Notar.

In dem Umschlag fand er einen Brief, auf dem sein Name stand – geschrieben von der Hand, die ihn in der Wüste seiner Jugend zu einer Oase geführt hatte.

Er öffnete das Kuvert mit zitternden Händen und las:

„Mein lieber Schmetterling – wie sehr ich mich freue, daß Du so schön und so hoch fliegst!

Wenn Du diese Zeilen liest, hat Deine Nachtigall ihr letztes Lied auf dieser Welt gesungen. Die Freundschaft mit Dir war die Sonne meiner letzten Jahre, und ich danke Dir von ganzem Herzen für alles, was Du mir mit Deiner bloßen Gegenwart immer aufs neue geschenkt hast.

Ich weiß schon seit geraumer Zeit, daß meine Tage gezählt sind, die Ärzte haben keinen Zweifel daran gelassen. Verzeih mir bitte, daß ich es nicht übers Herz gebracht habe, Dir von meiner Krankheit zu schreiben. Ich wollte, daß Du mich so in Erinnerung behältst, wie Du mich bei Deinem letzten Besuch erlebt hast.

Ich vererbe Dir mein kleines Haus. So hast Du immer eine schöne Zuflucht, wenn Du Ruhe und Abgeschiedenheit suchst.

Mein lieber Palo – wenn Du dies liest, habe ich mich auf die Reise ins Unbekannte begeben. Meine Seele wird immer Deine Freundin sein.

In Liebe – Deine Maluna."

VII.

Was letztlich zählt

Gedanken

Sei mutig

Sei mutig
und sei ehrlich,
vor allem zu dir selbst.
Laufe nicht zu sehr
der Sicherheit hinterher,
suche lieber
den Sinn deines Seins –

sonst vergehen deine Tage,
deine Monate und Jahre unerfüllt,
und du wirst sterben,
ohne wirklich gelebt zu haben.

Glaube an dich

Vertraue dir selbst,
glaube an dich,
und du wirst
die Lebenskraft ausstrahlen,
die anderen Menschen hilft,
dir zu vertrauen,
an dich zu glauben.

Unsere Träume

Unsere Träume können
sich nur dann erfüllen,
wenn wir unbeirrbar
an ihre Erfüllbarkeit glauben –
denn gerade unser Glaube
gibt ihnen die Kraft,
schließlich wahr zu werden.

Lebe das Lebenswerte

Sei dir immer der Kostbarkeit
deiner Lebenszeit bewußt
und vertue sie nicht
mit leeren Gesprächen,
sinnlosen Anstrengungen
und fruchtlosen Beziehungen.

Lebe das Lebenswerte,
das dich inspiriert
und dir Glück schenkt.
Gehe dir auf den Grund,
erkenne dein wahres Wesen –
und lebe wesentlich.

Reichtum

Wirklich reich ist,
wer mehr Träume
in seiner Seele hat,
als die Realität
zerstören kann.

Deine Möglichkeiten

Lote zuversichtlich,
gelassen und beharrlich
deine Möglichkeiten aus.

Viele Menschen trauen sich
zu wenig zu und resignieren,
anstatt unbeirrt nach den
geheimen Kraftquellen zu suchen,
die in jeder Seele verborgen sind.

Lebensgefühl

Nutze den
magischen Augenblick,
der dir die Tür öffnet
in ein Lebensgefühl,
das dich erfüllt
und inspiriert.

Langes Zögern
ist sicheres Scheitern.

Was Glück ist

Glück ist nicht
eine Folge des äußeren,
sondern des inneren Wohlstands
eines Menschen –

des Reichtums seiner Seele,
der Tiefe seines Empfindens,
der Schönheit seines Wesens,
der Weite seines Herzens.

Weise Reaktion

Die weiseste Reaktion
auf die Vergänglichkeit des Lebens
und die Unabänderlichkeit des Todes
ist der ständige Versuch,
soviel Glück und Freude,
soviel Schönheit und Zauber
wie möglich zu erleben –

solange es möglich ist.

Täglich aufs neue

Das Leben ist
ein Geschenk an uns,
das wir täglich aufs neue
mit Freude empfangen,
entdecken und verstehen sollten.

Das Leben hat
täglich Geburtstag.

Optimismus

Nichts Großes
oder Außergewöhnliches
kann entstehen
ohne Optimismus.

Optimismus läßt
Dinge entstehen,
die seine Richtigkeit
im nachhinein bestätigen.

Zuspruch

Du brauchst
dir keine Zuneigung
zu verdienen
durch das,
was du leistest.

Du hast
Zuneigung verdient
dadurch,
daß du bist.

Erfahrungswert

Im Grunde sind es nicht
so sehr unsere Erfahrungen,
die uns zu dem machen,
was wir sind,
sondern das,
was wir aus ihnen machen.

Sehnsucht

Sehnsucht ist
immer ein Zeichen
von Unzufriedenheit
mit dem Erreichten –
der sehnliche Wunsch
nach einem besseren,
glücklicheren Leben.

Sehnsucht ist die Kraft,
die uns hoffen
und träumen läßt –
und uns den Mut gibt,
das Unmögliche zu versuchen,
um das Mögliche zu finden.

Glaubenstreue

Ein schöner Traum zerbrach –
obwohl du dein Bestes gabst,
um ihn zu verwirklichen.

Doch laß die Traurigkeit darüber
dich nicht dazu verführen,
den Glauben an die Erfüllbarkeit
deiner Träume zu verlieren.

Trinke jetzt

Trinke aus der Quelle,
solange sie sprudelt.

Verschiebe es nicht auf später,
denn du könntest dich verirren
und sie nicht wiederfinden –
oder sie könnte versiegt sein,
wenn du zu spät kommst.

Bedingungen

Nur Wärme
kann Wärme erzeugen.
Nur Offenheit
öffnet die Herzen.
Nur Freundlichkeit
befreit den Alltag
von seiner Alltäglichkeit.

Vertraue dir

Wer daran zweifelt,
ein Ziel zu erreichen,
das er sich gesetzt hat,
stellt sich selbst
Hindernisse in den Weg.

Skepsis und Zweifel machen
jeden Weg lang und schwer.
Vertrauen in die eigene Kraft
kann Flügel verleihen.

Was letztlich zählt

Letztlich zählt das Handeln,
nicht das Wollen –
das Geschehen,
nicht die Möglichkeiten.

Letztlich zählt der Mut,
nicht die guten Vorsätze –
der Sprung,
nicht das Hindernis.

Traue deinen Träumen

Solange deine Sehnsucht lebt,
solange deine Träume glänzen,
solange deine Wünsche leuchten,
lebst du, glänzt du, leuchtest du.

Folge deiner Sehnsucht,
traue deinen Träumen –
und deine Wünsche
nähern sich ihrer Erfüllung.

Vom Mut

Mut machen
kann uns nur ein Mensch,
der selber Mut hat.

Entmutigen
kann uns jeder –

wenn wir es zulassen.

Mutig sein

Mutig sein heißt,
keine Angst zu haben,
daß ein Wagnis mißlingt,
das man eingeht.

Und es heißt auch,
sich die Kraft zuzutrauen,
wieder von vorn anzufangen,
falls es doch mißlingt.

Selbst die grössten Chancen

Selbst die größten Chancen
lösen sich in Luft auf,
wenn man sie nicht
beherzt, konsequent
und rechtzeitig nutzt.

Selbst das größte Wunder
verliert seine Zauberkraft,
wenn man versäumt,
sich ihm mit Leib
und Seele hinzugeben.

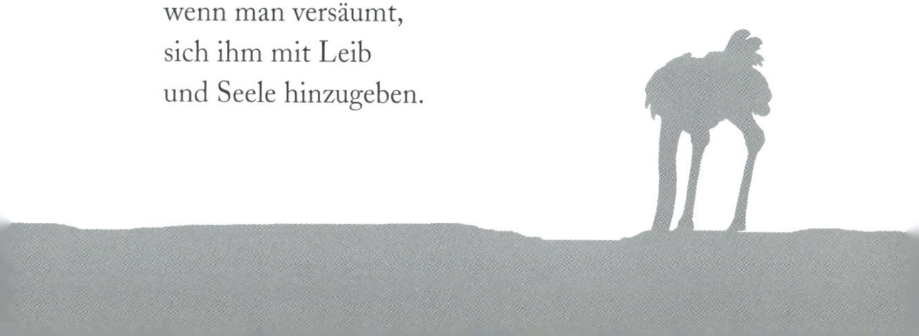

Eine Frage des Preises

Wir halten gern
an dem Gewohnten fest,
denn es gibt uns
ein Gefühl von Sicherheit.
Manchmal kostet es uns viel,
einfach loszulassen
und einen Neubeginn zu wagen.
Doch nichts käme uns
teurer zu stehen,
als in unserer Entwicklung
stehenzubleiben.

Bunte Hoffnungen

Unsere Träume,
unsere Sehnsüchte
und bunten Hoffnungen
wollen ernst und wichtig
genommen werden.

Wer sie verdrängt,
unterdrückt das Beste in sich
und wird ein hohler Mensch.

Neubeginn

Wer sich von anderen
nicht verstanden fühlt,
sollte nicht darüber klagen,
sondern damit beginnen,
sich selbst besser zu verstehen –
und er wird besser verstanden.

Entdecke dich

Folge deinen Impulsen,
solange sie dich inspirieren.

Verwirkliche deine Ideen,
solange sie dich begeistern.

Lebe deine Gefühle,
solange sie leben.

Entdecke dich,
solange du lebst.

Das Glück

Das Glück kommt und geht,
doch es kommt eher
in ein offenes Herz
als in ein verschlossenes,
es kommt eher
zu einem Optimisten
als zu einem Pessimisten,
es kommt eher
zu einem Sehnsüchtigen
als zu einem Selbstsüchtigen –

aber ob und wann es kommt,
weiß allein das Glück.

Das Licht

Das Licht
des Wunderbaren
im Alltäglichen
entdeckt man nur
mit offenem Herzen
für jeden neuen Augenblick.

Gewissensfrage

Du lebst richtig,
wenn du auf die Frage,
wie du heute
leben würdest,
wenn du morgen
sterben müßtest,
antworten kannst:

So wie gestern.

Freundlichkeiten

Freundlichkeiten
sind Sonnenstrahlen
im Dschungel des Alltags,
Rettungsringe
im Meer der Anonymität,
kleine Hoffnungslichter
im großen Nebel
der Gleichgültigkeit.

In Frieden

Wer glücklich ist,
kennt keinen Neid.

Wer in sich zu Hause ist,
dem liegt Mißgunst fern.

Wer mit sich in Frieden lebt,
legt keinen Wert auf Streit.

VIII.

Auf der Suche nach dem Sinn

Ein Märchen

Auf der Suche nach dem Sinn

Schon als Kind brachte Almon seine Eltern durch die Tiefe und den Ernst seiner Fragen oft in Verlegenheit.

„Warum gibt es Arme und Reiche? Weshalb lügen die Menschen? Wieso umgeben sie sich mit unsichtbaren Mauern?"

Fragen, die darauf hindeuteten, daß in seinem jungen Körper eine reife Seele wohnte, die hinter die Kulissen des Offensichtlichen ins Herz des Lebens blicken wollte.

„Warum gibt es Krankheit und Tod? Wieso werden aus Freunden Feinde? Weshalb führen die Menschen Kriege?"

Auch seine Lehrer wußten nicht, wie sie seiner ungewöhnlichen Wißbegier begegnen sollten.

„So war es schon immer, und so wird es leider wohl auch immer sein", war die Antwort, die er am häufigsten hörte, doch sie genügte ihm ebensowenig wie alle anderen.

Enttäuscht von der Unfähigkeit seiner Eltern und Lehrer, ihm befriedigende Auskünfte auf die Fragen zu geben, die ihm auf der Seele lagen, begann er, in Büchern zu suchen, was er bei den Menschen nicht fand.

Und dort wurde er schließlich zum ersten Mal in seinem Leben fündig und begegnete Gedanken, die etwas tief in ihm berührten und Lichtstrahlen in das rätselhafte Dunkel des Lebens warfen.

Er schrieb all diese Gedanken in ein dickes Heft, in der Hoffnung, damit Mosaiksteine zu sammeln, die er vielleicht irgendwann zu einem Bild zusammenfügen könnte, das ihm die Lösung des Lebensrätsels offenbarte.

Als Almon ein junger Mann und Student der Philosophie geworden war, hatte er sein Schreibheft bis auf die letzte Seite mit strahlenden Erkenntnissen gefüllt, doch selbst ihr vereintes Licht genügte nicht, um die Finsternis zu erhellen, in der er sich gefangen fühlte.

Auch seine Hoffnung, an der Universität Weisheit zu finden, stellte sich bald als vergeblich heraus. Hier, in den Vorlesungssälen und Seminarräumen, ging es nicht um die Suche nach Weisheit, sondern um die Vermittlung von Wissen, wie schon in der Schule, wenn auch auf höheren Ebenen.

Einer seiner Professoren, ein älterer Gelehrter namens Perigon, hatte etwas an sich, das ihn von den anderen Hochschullehrern unterschied. Er war, im Gegensatz zu ihnen, meistens unrasiert und nachlässig gekleidet und schien sich selbst nicht allzu ernst zu nehmen. Er wirkte bescheiden, war freundlich und hatte immer ein offenes Ohr für die Sorgen und Nöte seiner Studenten. So entschloß sich Almon am Ende seines dritten Semesters, ihn um Hilfe zu bitten, denn er fühlte sich wie ein Reisender, der einen Abgrund erreicht hatte, über den keine Brücke führte.

„Vielleicht gibt es eine Brücke über diesen Abgrund, und du siehst sie nur noch nicht“, sagte Perigon, als er mit Almon durch den Park spazierte, der sich hinter den Universitätsgebäuden erstreckte. „Alles braucht seine Zeit. Die Augen der Seele öffnen sich, wenn du reif dafür bist."

„Haben sich die Augen Ihrer Seele geöffnet?"

Der Professor schüttelte den Kopf. „Nein, ich sehe auch nicht mehr als die anderen. Ich tappe im dunkeln, wie alle hier, und wenn sie noch so gescheit daherreden und mit Fremdwörtern um sich werfen, und deshalb kann ich auch kein Licht in deine Seele bringen. Licht kann nur spenden, wer es in sich selbst gefunden hat. Ich habe lange danach gesucht, aber meine Mühen sind nicht belohnt worden. Wer dem Leben auf den Grund tauchen will, muß damit rechnen, daß ihm auf halbem Weg die Luft ausgeht."

Almon konnte seine Enttäuschung nicht verbergen. „Mehr können Sie mir nicht sagen?"

„Bedauerlicherweise", erwiderte Perigon, „mehr weiß ich nicht, aber wenn du aus ganzem Herzen das wahre Gesicht des Lebens erkennen willst, solltest du deine Zeit nicht länger in Hörsälen und Bibliotheken verschwenden. Das Dasein selbst, nicht das Gerede darüber, ist die Universität, die du besuchen mußt! Mach dich auf die Reise ins Ungewisse, sammle Erlebnisse, stelle dich den Unwägbarkeiten des Lebens! Gib alle Sicherheiten auf, lebe für den Augenblick! Wärst du dazu bereit?"

„Ja", antwortete Almon ohne Zögern.

„Ich ziehe meinen Hut vor dir – du bist ein wahrhaft Suchender. Hier an der Hochschule reden alle unentwegt über die Suche, aber niemand bricht auf, um zu finden. Du bist anders. Du suchst die Weisheit nicht mit dem Verstand, sondern mit Herz und Seele. Das ist der richtige, der einzig mögliche Weg zur höchsten Erkenntnis, und wer ihn geht, wird nicht von Büchern, Professoren und Prüfungsordnungen geleitet, sondern allein von seiner Sehnsucht nach Einsicht. Es ist kein leichter und kein kurzer Weg."

„Ich werde ihn gehen."

Perigon nickte, als hätte er keine andere Antwort erwartet. „Wir beide wissen, daß es nicht gerade die Aufgabe eines Professors ist, einem seiner begabtesten Studenten zu raten, sein Studium aufzugeben. Aber wir wissen auch, daß du hier am falschen Platz bist. Du mußt dich an der Universität des Lebens einschreiben, mit deinem Herzblut! Nur dort kannst du ein wahrer Magister werden, ein Meister der Weisheit, der sein Wissen nicht aus verstaubten Schriften bezieht, sondern immer aufs neue aus seiner eigenen Seele."

Almon wußte, daß Perigon recht hatte, und er war ihm dankbar für seine klaren Worte, auch wenn sie ihm nicht die Angst vor den Gefahren nehmen konnten, die auf dem Weg lauerten, der ihm vorherbestimmt war.

Als hätte Perigon seine Gedanken gelesen, sagte er: „Die philosophische Fakultät ist ein botanischer Garten, in dem versucht wird, das Leben zu verstehen, ohne es zu erleben. Sie gleicht einem Menschen, der die Kunst des Reitens zu erlernen versucht, ohne sich jemals auf den Rücken eines Pferdes zu wagen. Das Gedankengut toter Männer endlos wiederkäuend, betrachtet und analysiert sie das Leben aus sicherer Entfernung, aber hat nicht den Mut, nicht die Leidenschaft, sich in die Tiefe seiner Ungewißheiten fallenzulassen – was der einzige Weg ist, es wirklich zu verstehen. Das Leben ist kein gepflegter botanischer Garten, es ist ein wilder Dschungel voller Gefahren und Tücken, aber auch voller Möglichkeiten und glücklicher Fügungen. Darum sei wachsam auf deinem Weg, aber nicht ängstlich, denn die Angst ist eine der größten Feindinnen dessen, der echte Erkenntnis sucht. Und sei neugierig! Frage die Menschen, wofür sie leben. Du wirst die widersprüchlichsten Antworten bekommen, doch in jeder kann ein Wegweiser für dich verborgen sein."

„Ich danke Ihnen, Perigon. Sie sprechen mir aus der Seele und ermutigen mich, meiner inneren Stimme zu folgen."

Der Professor nickte bedächtig. „Du wirst auf deiner Reise ins Herz des Lebens vielen Menschen begegnen, und von jedem kannst du etwas lernen, denn im Grunde ist jeder auf der Suche nach dem Sinn, auch wenn die meisten es nicht wissen. Wenn du Glück hast, werden unter ihnen manche sein, die dein Gemüt erwärmen, dein Leben bereichern und dir helfen, deinen Weg mit neuer Kraft weiterzugehen. Aber dein Ziel mußt du ganz allein finden. Niemand kann dich zu ihm führen, außer deiner eigenen Seele. Aber du wirst Wegweiser entdecken, die dir die Richtung zeigen. Deshalb halte immer die Augen auf, nicht nur die in deinem Kopf. Auch das Herz hat Augen, und nur was sie erkennen, wird deine Sehnsucht stillen."

„Ich sehne mich nach tiefer, befreiender Einsicht, aber vielleicht suche ich ja noch mehr?"

„Es ist gut, daß du nicht genau weißt, was du suchst, denn eine feste Vorstellung deines Ziels würde dich nur von deinem Weg abbringen. Du ersehnst etwas, das über deine Vorstellungskraft hinausgeht."

„Ja", gab Almon seinem Professor recht. „Ich suche etwas Wunderbares, das mich verwandeln wird. Aber ich weiß nicht im geringsten, was es ist. Vielleicht suche ich etwas, das es gar nicht gibt?"

Perigon schmunzelte. „Selbst wenn es so wäre – du würdest es mit der Innigkeit deiner Sehnsucht ins Leben rufen! Ich wünsche dir Glück auf deinem Weg und wüßte es zu schätzen, wenn du mir irgendwann einmal einen Brief schikken würdest. Aber zwinge dich nicht dazu. Schreibe mir nur, wenn dir wirklich danach ist."

Eine Woche nach diesem Gespräch packte Almon seinen Rucksack und begab sich auf die Reise ins Ungewisse.

Mit seinen Ersparnissen und dem Erlös aus dem Verkauf seiner Habseligkeiten würde er sich eine Weile über Wasser halten können. Mit seiner Sehnsucht nach Erkenntnis hatte er eine starke und zuverlässige Begleiterin, auf deren Hilfe er zählen konnte, wenn Ängste und Zweifel sich ihm in den Weg stellen würden. Und er hatte sich selbst, die Kraft seiner Jugend, sein Vertrauen ins Leben, das ihm helfen würde, die dunklen Stunden und schweren Zeiten zu überstehen, die mit Sicherheit auf ihn warteten.

Die ersten Tage und Wochen seiner Reise verliefen ohne außergewöhnliche Begebenheiten. Er wanderte von Ort zu Ort, übernachtete in den einfachsten Herbergen, oft auch im Freien, und lebte so bescheiden wie möglich.

In jedem Dorf und in jeder Stadt, durch die sein zielloser Weg ihn führte, stellte er den Menschen Fragen und erntete oft Befremden, denn die Leute waren es nicht gewohnt, von einem Reisenden nach dem Sinn ihres Lebens gefragt zu werden.

Viele reagierten nur mit einem Kopfschütteln oder Achselzucken und ließen Almon stehen, als würden sie ihn nicht ernst nehmen.

Aber manche gaben ihm auch Antworten.

„Der Sinn meines Lebens besteht darin, daß ich meine Felder bestelle, meine Familie ernähre, meine Tiere versorge und meine Arbeit so gut wie möglich mache", erwiderte ein Bauer. „Ich versuche, meiner Frau ein guter Mann, meinen Kindern ein verständnisvoller Vater und meinen Freunden ein zuverlässiger Kamerad zu sein."

„Mein Lebenssinn ist die Kunst", war die Antwort einer Malerin. „Ich lebe für meine Bilder. Wenn ich male, vergesse ich alles um mich herum und gehe ganz und gar im Augenblick auf. Es ist wunderbar, sich selbst zu vergessen und die Hand den Pinsel so führen zu lassen, wie die Seele es will. Nimm mir die Malerei – und du nimmst mir den Sinn meines Daseins."

„Ich sehe meine Berufung darin, den Menschen zu helfen", sagte ein Arzt zu Almon. „Ein Mann rettete mich mit seinem ärztlichen Können vor dem Tod, als ich noch ein Junge war. Dieses Erlebnis hat mich geprägt und in mir den Wunsch erweckt, selbst ein Arzt zu werden. Ich habe dank meiner beruflichen Fähigkeiten schon mehreren Menschen das Leben gerettet, und in diesen Augenblicken war ich ganz eins mit dem Sinn meines Lebens. Wir alle brauchen Hilfe, wir müssen füreinander da sein, und ich bin glücklich, daß ich diese Einsicht zu meinem Lebensinhalt gemacht habe."

Almon begegnete aber auch Menschen, die keinen Sinn in ihrem Leben sahen oder ihn verloren hatten.

„Ich hoffe nur noch auf einen schmerzfreien Tod", entgegnete ein Greis auf Almons Frage, „der mich von meinem ungelebten Leben befreien wird. Immer war ich nur für andere da, stets habe ich mich geopfert – für meine Frau, für meine Kinder, für meinen Beruf, für unser Haus. Meine Frau ist schon lange tot, und meine Kinder besuchen mich, wenn überhaupt, nur noch an meinem Geburtstag und hoffen darauf, daß sie bald mein Haus erben, um es zu verkaufen. Ich hätte mehr an mich selbst denken sollen! Ich habe mir nicht die Zeit genommen, mich selbst kennenzulernen. Und jetzt muß ich sterben, ohne zu wissen, wer ich eigentlich war. Das ist bitter."

Ein Landstreicher gab Almon die Auskunft: „Ich weiß nicht, ob mein Leben einen Sinn hat, und im Grunde interessiert es mich auch nicht. Ich mache mir keine großen Gedanken und lebe in den Tag hinein. Manchmal bettele ich, manchmal stehle ich, und wenn es nicht anders geht, arbeite ich. Am liebsten würde ich Tag für Tag in einem großen, weichen Bett auf der faulen Haut liegen – so ein Leben könnte mir gefallen. Aber davon kann ich nur träumen."

Und eine Witwe, die ihren Mann im Krieg verloren hatte, sagte zu Almon: „Ich bin eine Frau, die nur einmal in ihrem Leben wirklich lieben kann, und das Schicksal hat mir die Liebe meines Lebens genommen. Seitdem frage ich mich fast täglich, warum ich noch lebe. Ich empfinde keine Freude, keine Hoffnung mehr – nur eine quälende Wehmut, die nicht enden will. Das einzige, was mich noch am Leben hält, sind meine Träume, in denen mir mein Mann erscheint und mit mir spricht und zärtlich zu mir ist."

Almon bekam mit der Zeit mehr und mehr Antworten auf seine Fragen und bewahrte sie in seinem Gedächtnis auf, wie er als Student Zitate aus Büchern in seinem Heft gesammelt hatte, doch der Lösung seines eigenen Lebensrätsels kam er dadurch nicht näher.

Er lernte die Not und das Elend der Armen sowie die Gier und Herzlosigkeit der Reichen kennen. Die Ungerechtigkeit begegnete ihm auf Schritt und Tritt und empörte ihn immer aufs neue. Geld und Gewalt regierten die Welt, und wohin ihn auch seine Füße trugen, mangelte es an Güte und Mitgefühl.

Zahllose Menschen mußten ihre Freiheit und ihre ganze Kraft verkaufen, um gerade ihre allernötigsten Bedürfnisse zu stillen. Er sah allerorten Verzweiflung und Not, und er bewunderte die Geduld und Gelassenheit, mit der die Menschen sie ertrugen.

Almon erkannte, daß der nackte Egoismus das Denken und Handeln der allermeisten Menschen bestimmte und sie sich nicht scheuten, die anderen zu betrügen und belügen, wenn es darum ging, sich auf ihre Kosten zu bereichern. Und er erfuhr, daß Nächstenliebe zwar in aller Munde, doch in den wenigsten Herzen war.

Perigon hatte recht gehabt: Die Universität des Lebens war kein botanischer Garten, sie war ein wilder, oft grausamer Dschungel, in dem das Recht des Stärkeren galt und die Menschen mit Mitteln um das Überleben kämpften, die ihn oft genug ängstigten und seine Seele in Traurigkeit versetzten.

Aber er begegnete gelegentlich auch guten Männern und Frauen, die ein Herz für den anderen hatten – Menschen, für die Hilfsbereitschaft, Wohlwollen und Mitgefühl keine Fremdwörter waren, weil sie sich selbst im anderen erkannten.

Diese Ausnahmen von der Regel, daß jeder sich selbst der Nächste war, gaben ihm immer wieder Mut und Kraft, seine Suche fortzusetzen und sich seinen Lektionen zu stellen, um schließlich ein Magister an der Hochschule des Lebens zu werden, wie sein ehemaliger Professor Perigon es ihm ans Herz gelegt hatte.

Almon erlebte sonnige und finstere Tage, Stunden heller Freude und düsterer Bedrückung. Er erkannte und akzeptierte die allgegenwärtige Unbeständigkeit und Ungewißheit des Lebens, erfuhr sie immer aufs neue am eigenen Leib und in den Schicksalen der Menschen, die seinen Weg kreuzten.

Mehr und mehr wurde ihm bewußt, daß die allermeisten Menschen mit dem Verstand und nicht mit dem Herzen dachten – und daß der Verstand ihnen immer riet, zuallererst an sich selbst zu denken, so daß er nach und nach zu der Überzeugung gelangte, daß der Großteil des Übels in der Welt seine Wurzeln in der Gefühllosigkeit der Menschen hatte. Und er spürte immer deutlicher, daß der Sinn seiner Suche oder seine Suche nach dem Sinn darin münden würde, etwas zu unternehmen gegen all die Not und Ungerechtigkeit, welche die Menschen mit ihrer gewissenlosen Eigensucht hervorgerufen hatten und die sich von Generation zu Generation fortsetzte wie eine verhängnisvolle Erbkrankheit.

Er sah, wie Männer, Frauen und Kinder sich stritten wegen Nichtigkeiten, sich bekämpften aus Mangel an Einsicht und Großmut und sich gegenseitig das Leben noch schwerer machten, als es ohnehin schon für sie war.

Almon lernte auch die Freuden und Leiden der Liebe kennen, er gewann Freunde und verlor sie wieder – doch am Ende blieben ihm nur Erinnerungen, die sich mit der Zeit verflüchtigten wie nächtliche Träume.

Vielleicht ging er im Kreis? Vielleicht suchte er die Weisheit auf die falsche Weise? Wenn solche Fragen ihn bedrückten und Zweifel ihn zu lähmen drohten, erinnerte er sich an Perigons Worte, daß seine Suche nach dem Sinn kein leichter und kein kurzer Weg sei, und schöpfte aus ihnen neue Kraft und Hoffnung.

Vier Jahre nach Almons Aufbruch klopfte es an Perigons Tür, und ein Bote brachte ihm einen Brief seines ehemaligen Studenten.

Erleichtert öffnete der Professor den Umschlag, denn er hatte bislang noch kein Lebenszeichen von Almon erhalten und schon befürchtet, daß ihm etwas zugestoßen sei – eine Befürchtung, die ihn mehrmals dazu gebracht hatte, sich Vorwürfe zu machen, Almon zu seinem gefährlichen Gang ins Ungewisse ermutigt zu haben.

Um so größer war seine Freude, als er die ersten Zeilen des Briefes las:

„Lieber Perigon – bitte verzeihen Sie mir, daß ich Ihnen erst jetzt schreibe, und lassen Sie mich Ihnen von ganzem Herzen für Ihre Ermutigung und Hilfe danken! Sie haben mir damals mit unserem Gespräch im Park den richtigen

Weg gewiesen, auch wenn ich Jahre brauchte, um sein Ziel zu erreichen. Es war eine lange und schwierige Suche, aber ich habe selbst in den düstersten Stunden nie die Hoffnung aufgegeben, meine Bestimmung zu finden.

Ich will Ihnen berichten, wie ich sie fand.

Vor etwa einem Jahr wanderte ich durch einen Wald und wurde von drei Wegelagerern überrascht. Es waren wilde, finstere Gestalten, deren Blicke mich nicht nur um meinen bescheidenen Besitz, sondern um mein Leben fürchten ließen.

Als ihr Anführer sein Messer zog, geschah ein Wunder – zumindest empfand ich es so. Wie aus dem Nichts erschien eine Gruppe von fünf Mönchen unterschiedlichen Alters und stellte sich entschlossen wie eine Mauer zwischen die Wegelagerer und mich. Soweit ich sehen konnte, trugen sie keine Waffen, doch ihr furchtloses Auftreten beeindruckte die Räuber so sehr, daß sie nach kurzem Zögern kampflos das Weite suchten.

Auch mich beeindruckten die Mönche, um so mehr, als sie meinen Dank nicht annehmen wollten, da es für sie selbstverständlich gewesen war, mir zu helfen. Also bat ich sie, ein Stück weit mit ihnen gehen zu dürfen, um mehr über sie zu erfahren, was sie mir auch erlaubten.

Es waren allesamt keine redseligen Männer, doch nach und nach fand ich heraus, daß sie Mönche ganz besonderer Art waren. Jahr für Jahr, vom Frühlingsbeginn bis zum Herbstende, zogen sie durch das Land und sammelten Geld für die Ärmsten der Armen, um es zum Winteranfang unter ihnen zu verteilen.

Sie selbst lebten äußerst bescheiden, gönnten sich nur das Allernötigste und scheuten keine Mühen, um das Leid der Hungernden und Kranken zu lindern. Die Winter verbrachten sie in ihrem Kloster, um neue Kraft für ihre jeweils nächste Reise zu sammeln.

Je länger ich mit ihnen von Ort zu Ort zog, desto mehr bewunderte ich sie. Nie hörte ich sie klagen, nie sah ich sie miteinander streiten. Allen Widrigkeiten begegneten sie mit Humor und Gelassenheit, und wenn ein Reicher ihnen eine größere Summe für die Armen spendete, freuten sie sich wie Kinder.

Mehr und mehr wurde mir bewußt, daß sie die glücklichsten Menschen waren, denen ich auf meinem langen Weg begegnet war, und ich erkannte, daß die Quelle ihres Glücks im Helfen und Dienen lag, im Aufgeben des Eigennutzes, im beharrlichen Eintreten für die Schwächsten der Schwachen.

Ich teilte mit ihnen Brot und Wasser, Freud und Leid, und hatte nur eine Angst – daß sie mich eines Tages fortschicken würden, denn ich war nicht einer von ihnen.

Eines Nachts, während sie schliefen und ich Wache hielt, gewann ich schlagartig die Einsicht, daß ich meine Bestimmung gefunden hatte.

Am nächsten Morgen nahm ich meinen ganzen Mut zusammen und bat die Mönche, mich in ihren Orden aufzunehmen. Sie tauschten schwer zu deutende Blicke aus und antworteten mir nicht. Ich wiederholte meine Bitte am nächsten und auch am übernächsten Morgen. Sie blieben mir wiederum eine Antwort schuldig, schickten mich aber auch nicht fort. Vielleicht, sagte ich mir, prüften sie mich und hatten ihre Prüfung noch nicht abgeschlossen – und fragte nicht mehr.

Als der Winter vor der Tür stand und die Mönche das mühsam gesammelte Geld gerecht unter den Armen verteilt hatten, bereiteten sie sich auf den Rückweg zu ihrem Kloster vor.

Vier Monate lang war ich mit ihnen durch das Land gezogen. Nun war der Tag gekommen, dem ich mit ebensoviel Hoffnung wie Angst entgegengefiebert hatte.

‚Bitte nehmt mich in euren Orden auf! Laßt mich mit eurem Abt sprechen. Ich möchte einer von euch werden', bat ich sie erneut.

Und diesmal bekam ich endlich eine Antwort – von Lotamo, dem ältesten der Mönche, dessen Bescheidenheit und Weisheit mich immer aufs neue berührt und beeindruckt hatten. ‚Warum stellst du uns immer wieder dieselbe Frage? Weißt du denn nicht, daß du vom ersten Tag an schon einer von uns warst? Wir haben dich längst in unseren Orden aufgenommen, auch wenn du noch nicht das Mönchsgewand trägst.'

‚Könnt ihr mich denn so einfach in euren Orden aufnehmen? Muß nicht euer Abt darüber entscheiden?'

Die Mönche lachten schallend.

‚Ich bin der Abt', sagte Lotamo.

Dies war der glücklichste Moment meines Lebens, und seitdem bin ich wie verwandelt! Ich stehe in vollkommenem Einklang mit mir. Die Augen meiner Seele haben sich geöffnet!

Ihr Almon – der die höchste Weisheit und den Sinn seines Lebens im Dienen fand."

IX.

Wohin du auch gehst

Gedichte

Wohin du auch gehst

Greife nicht nach dem Flüchtigen,
halte nicht fest am Fließenden,
taste nicht nach dem Unberührbaren,
verlasse dich nicht auf das Unwägbare,
erzwinge nicht das Unbeugsame,
verlange nicht das Unerreichbare.

Finde Sicherheit im Ungewissen,
entdecke Schönheit in der Vergänglichkeit,
erkenne die Wahrheit in diesem Augenblick,
erlebe Befreiung durch Gelassenheit,
mach dir die Heiterkeit zum Freund –

und Weisheit wird dich begleiten,
wohin du auch gehst.

Ermutigung

Steh zu dir,
sooft du auch
gefallen bist.

Nimm dich wahr,
wie lange du dich
auch verleugnet hast.

Bleib dir treu,
sooft du dich auch
noch betrügen magst.

Geh mit dir,
und wenn du dich
tausendmal in die Irre führst.

Nick dir zu,
selbst wenn die ganze Welt
den Kopf über dich schüttelt.

Glaub an dich,
dann hast du einen Glauben,
der dir weiterhilft.

Bejahung

Es ist gut, wie es ist.
Was mein Auge berührt,
erhält meine dankbare Zustimmung,
einerlei wie häßlich oder schön,
bedeutend oder unwichtig
es sein mag.
Ich sage Ja zu allem,
was ich in diesen Augenblicken sehe.
Endlich!

Bejahung ist Frieden,
und Frieden ist nirgendwo –
wenn nicht in mir.

Erinnerung

Wenn dein Bestes plötzlich
nicht mehr gut genug ist
und andre ihre Stärke
an deinen Schwächen messen,
sich Bilder von dir machen,
um sie aufzuhängen
an der Wand,
die sie gegen dich errichten,
dann vergiß nicht:
Ich glaub an dich.

Gegengewicht

Dieses Gedicht ist
ein kleines Gegengewicht
auf der Schale der Waage,
auf der immer zuwenig liegt.
Ein Gegengewicht zum Autolärm,
zu überfüllten Wartezimmern,
ein Gegengewicht zu den Nachrichten,
zu Schlagzeilen und Schlagbäumen,
Hochstraßen und Dampfwalzen,
Herzinfarkt und Krebsverdacht.
Ein kleines Etwas,
so leicht wie der Wind.
Ich lege es vorsichtig auf die Waagschale
zu all den anderen leichten Dingen ...
Einen Moment erschien es mir,
als hätte sich etwas verändert.

Lebe hoch!

Sei nicht enttäuscht –
lerne!
Beklage dich nicht –
verstehe!
Bemitleide dich nicht –
akzeptiere!
Resigniere nicht –
hoffe!
Wiederhole dich nicht –
lebe!

Besser noch –
lebe hoch!

INS HÖCHSTE DER GEFÜHLE

Wir leben nicht,
um Alpträumen zu erliegen
und uns damit abzufinden,
daß manche Ziele unerreichbar sind.
Wir sind nicht hier,
um am Scheitern zu scheitern
und unsre Resignation
zu schlechter Letzt
als Lebensklugkeit auszugeben.

Wir leben,
um unsre Träume zu erfüllen
und das scheinbar Unmögliche
zu verwirklichen.
Wir haben die Chance,
über uns hinauszuwachsen
und unsere Beschränkungen
tief unter uns zurückzulassen
beim Aufstieg ins
Höchste der Gefühle.

Weniger zu wollen
wäre falsche Bescheidenheit.

Dann schon

Gib deine Hoffnung auf,
sie paßt mit der Wirklichkeit
nicht unter einen Hut,
hat sich schon längst
als Illusion entpuppt,
als sinnloser Kreislauf.
Niemand bekommt all das,
wonach er sich sehnt –
aber was ist daran so schlimm?

Das Leben steckt
voller Vergeblichkeiten.
Entscheidend ist,
sie möglichst schnell zu erkennen
und sich von ihnen zu lösen.

Dann steckt das Leben
voller Möglichkeiten.

Nur du kannst es

Ich weiß, daß die Situation
für dich nicht leicht ist,
aber sie wird nicht
von selbst leichter werden.
Und der Lärm um dich herum,
der dich daran hindert,
deine innere Stimme zu hören,
wird nicht von selbst nachlassen.

Du hast dich für den Weg entschieden,
der dich dorthin geführt hat,
wo du jetzt bist.
Und nur du kannst dich
für einen Weg entscheiden,
der dich dorthin führt,
wo du sein möchtest.

Vielleicht ein Lächeln

Wie oft habe ich mich
schon nach dem Glück gesehnt –
und wie oft hat es
meine Sehnsucht ignoriert.

Das Glück wird erst kommen,
wenn es sich nach mir sehnt.

Ich muß ihm etwas bieten –
vielleicht ein Lächeln
der Vorfreude auf sein Kommen.

Es fühlt sich
zu Optimisten hingezogen.

Wer fliegen will

Das Wohlsein
liegt unter der Schicht
des Unbehagens –
wie das Erwachen
unter der Lage
tiefster Müdigkeit.

Der Weg ins Sonnenlicht
führt durch den Wolkenbruch.

Wer fliegen will,
muß tauchen lernen.

Vorfrühling

Alles freut sich über die Sonne.
Die Möwen sind ganz außer sich
und flattern durcheinander,
schreien die Luft lebendig.
Freudig glänzt das Eis
am Rand des Sees.

Ich steh und schaue.
Bald ist der Frühling da.
Vorbote des Lebens
ist der Gesang
des toten Schilfs
im Wind.

An die Sonne

Du schenkst uns Wärme,
hilfst uns lächeln,
machst die Haut dunkler
und das Gemüt heller;
du verschwendest dich
Tag und Nacht,
brennst auch für uns,
wenn Wolken dir
den Weg versperren
zu unseren Herzen.

Hätten wir nur
einen kleinen Teil
deiner Freigebigkeit,
wir wären um
ein Vielfaches sonniger –
und ähnelten weniger
finsteren Gewitterwolken,
die sich andonnern,
wenn sie zusammenstoßen.

Lass uns auf die Reise gehen

Laß uns auf die Reise gehen,
die schon so lange auf uns wartet –
die Reise ins ersehnte Unbekannte
und doch so Vertraute,
die Reise ins Herz des Lebens.

Laß uns nicht länger warten,
auf uns wartet ein Zauber,
der uns so sehr beglücken wird,
daß wir nicht verstehen werden,
warum wir so lange gezögert haben.

Textverzeichnis

Textverzeichnis

Gedichte

Märchen

Gedanken

Der Autor

Der Autor

Hans Kruppa ist einer der meistgelesenen deutschen Dichter und Erzähler. Er lebt als freier Schriftsteller in Bremen. Seine Gedichte und Märchen, Erzählungen und Romane, Aphorismen und Kurzgeschichten hat er in mehr als achtzig Büchern mit einer Gesamtauflage von über zwei Millionen Exemplaren veröffentlicht. Einige seiner Bücher wurden in andere Sprachen übersetzt. Für sein schriftstellerisches Werk wurde Hans Kruppa mit dem New Yorker Otto-Mainzer-Preis ausgezeichnet.

„Er vermittelt durch seine Arbeiten Hoffnung, Lebensbewältigung, Kraft. Und das macht ihn so wichtig.“ (Passauer Neue Presse)

„Der Lyriker probiert auch ‚Schönwetterworte', und mit ihnen stellt sich Phantasie ein, Leichtigkeit.“ (Die Zeit)

„Hans Kruppa ist einer der bekanntesten und wohl auch besten deutschsprachigen Märchenautoren.“ (Deutscher Depeschen Dienst)

Mehr Informationen: www.hans-kruppa.de